Herbert Hintner
Meine Südtiroler Küche
Alpin-mediterrane Genüsse

Herbert Hintner

Meine Südtiroler Küche

Alpin-mediterrane Genüsse

Fotos von Frieder Blickle

Mit Weintipps von Margot Hintner und
Anmerkungen zur kulinarischen Tradition von Barbara Stocker

Folio Verlag Wien/Bozen

Dank

Mein herzlicher Dank gilt Raimund Brunner, Manuel Ebner, Julian Seeber, Andreas Pernter und Lukas Prast. Sie haben mich mit Kreativität und besonderem Engagement bei der Erarbeitung der vorliegenden Rezepte begleitet. *Herbert Hintner*

Sämtliche Informationen und Mengenangaben in diesem Buch, wurden von Herbert Hintner gewissenhaft erarbeitet und mit größtmöglicher Sorgfalt überprüft. Sämtliche Rezepte sind für 4 Personen berechnet. Trotzdem können inhaltliche Fehler oder Auslassungen nicht ausgeschlossen werden. Kochen ist aber nun einmal keine exakte Wissenschaft, vertrauen Sie also auf Ihren persönlichen Geschmack, Ihre Fantasie und Ihre Vorlieben bei der Auswahl der Zutaten und der Mengen. Hinweise auf etwaige fehlerhafte Angaben sind im Verlag willkommen und werden bei späteren Auflagen gerne berücksichtigt.

2. Auflage 2008
© Folio Verlag, Wien/Bozen
Lektorat: Kathrin Kötz
Grafik und Umbruch: no.parking, Vicenza
Druckvorbereitung: Typoplus, Frangart
Printed in Italy
ISBN 978-3-85256-371-8

www.folioverlag.com

Inhalt

Vorwort

Als Kind habe ich bei meiner Mutter eine Küche kennengelernt, die mich noch heute begleitet. Die Düfte aus Kindertagen – das Kraut im Winter, das Pfifferlingsgröstl im Sommer, der Milchreis im Frühling und natürlich Knödel (die besten macht auch heute noch meine Mutter) – rufen in mir immer wieder Erinnerungen an eine glückliche Kindheit in den Südtiroler Bergen wach. Auch wenn inzwischen 50 Jahre vergangen sind und es die Südtiroler Küche von damals so nicht mehr gibt. Vieles hat sich verändert. Manches zum Guten, wie die Fülle an Produkten, die Kochtechniken, die Präsentation der Speisen und die Weinkultur, anderes zum Nachteil, wie die Hektik bei der Nahrungsaufnahme, der Einsatz von Geschmacksverstärkern, der Anstieg von Fast-Food-Produkten. Viele Menschen nehmen sich heute einfach nicht mehr die Zeit, eine Mahlzeit frisch – und vor allem mit frischen Zutaten – zuzubereiten. Dabei sind ein gutes Stück Fleisch oder der Salat und die Tomaten aus dem Garten ein Hochgenuss. Gerade auf die Frische der Produkte, die den Rhythmus der Jahreszeiten widerspiegeln sollen, kommt es an. Die Hochachtung vor dem Produkt ist das Maß aller Dinge, sie zu veredeln und nicht zu verfälschen ist die große Kunst und Herausforderung. Das Credo meiner Kochphilosophie stellt aber nicht nur die regionalen Erzeugnisse in den Mittelpunkt, sondern es geht mir immer auch darum, meine Kreationen in der Tradition meiner Südtiroler Heimat zu verwurzeln.

Deshalb habe ich in dieses Kochbuch Rezepte aufgenommen, die die Tradition in das Heute transferieren. Doch nicht nur neue Rezepte sind darin zu finden, sondern auch meine „Klassiker" – „signatur dishes" – wie der Speckknödelsalat, der soufflierte Kasknödel oder der Apfelstrudel, die so längst auch Einzug in andere Südtiroler Restaurants gefunden haben.

Zur Abrundung der Rezepte hat meine Frau die passenden Südtiroler Weine ausgesucht. Die großartigen Fotos, auf denen Frieder Blickle, ein hervorragender Fotograf und Genussmensch, meine Gerichte und die Südtiroler Landschaft in Szene setzt, sollen Appetit machen und zum Nachkochen anregen. Ich wünsche Ihnen dabei viel Spaß!

Frühling

Sämtliche Rezepte sind – wo nicht anders angegeben – für 4 Personen berechnet.

Marinierter grüner Spargel mit Saibling und Basilikumsorbet

12 Stangen grüner Spargel
400 g Saiblingfilet, mit Haut
12 Blätter Rucola
12 Blätter Frisée
12 Blätter Eichblatt oder Maikönig
Salz, Pfeffer
Olivenöl
10 EL Salatvinaigrette (siehe
  S. 180)

FÜR DAS BASILIKUMSORBET:
750 g Wasser
40 g Zucker
140 g Glucose (Apotheke)
1 Prise Salz
80 g Basilikumblätter (Genoveser
  Basilikum)
1 TL weißer Balsamico-Essig

Zubereitung: Für das Basilikumsorbet Wasser, Zucker, Glucose, Salz und Essig aufkochen und im Tiefkühlfach anfrieren. Die angefrorene Masse mit den kalten Basilikumblättern im Mixer pürieren und in der Eismaschine gefrieren lassen.

Den Spargel der Länge nach in hauchdünne Scheiben schneiden.

Den Saibling in vier Portionsstücke schneiden, salzen und pfeffern und auf der Hautseite ungefähr 7 Minuten in Olivenöl anbraten. Wenden und noch 1 Minute auf der Fleischseite braten.

Anrichten: Die Spargelscheiben auf Teller legen und mit den Salaten garnieren. Mit Salatvinaigrette beträufeln. Den Saibling auf dem Spargel anrichten. Eine Nocke Basilikumsorbet auf den Salaten platzieren.

Weintipp: Grüner Veltliner „Kuenhof", Peter Pliger, Brixen

Spargel

In der Mitte des 19. Jahrhunderts begannen Terlaner Bauern in den sandigen Böden entlang der Etsch Spargel anzubauen. Dieser mundete insbesondere den Bozner Bürgern, wobei sie sich dazu Eier, Petersilie, Schnittlauch, Essig und Öl servieren ließen – bis die Wirtin Maria Huber aus diesen Zutaten die „Bozner Sauce" kreierte.

Im Spargelfeld von Franz Pixner in Terlan

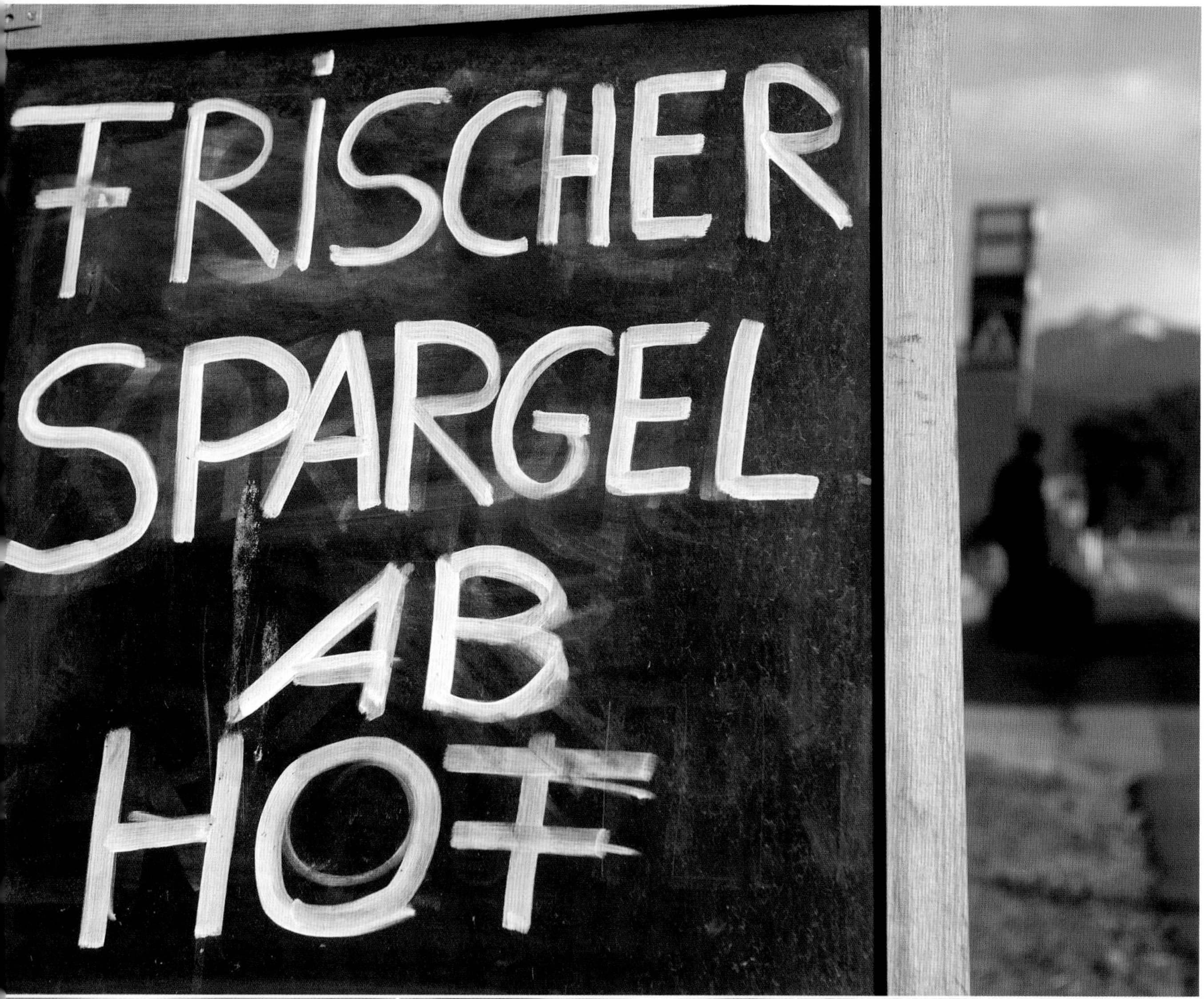
FRISCHER
SPARGEL
AB
HOF

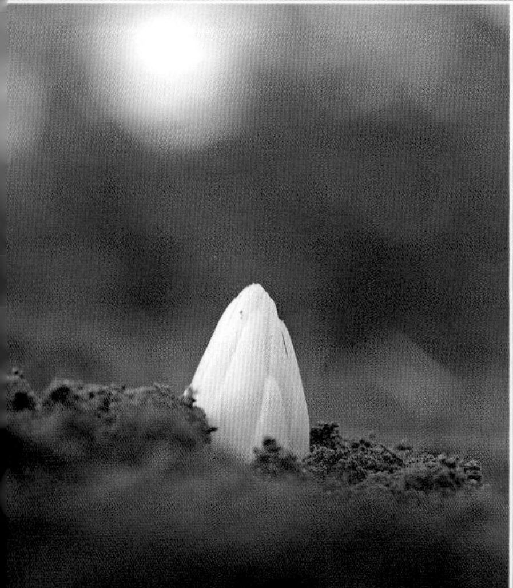

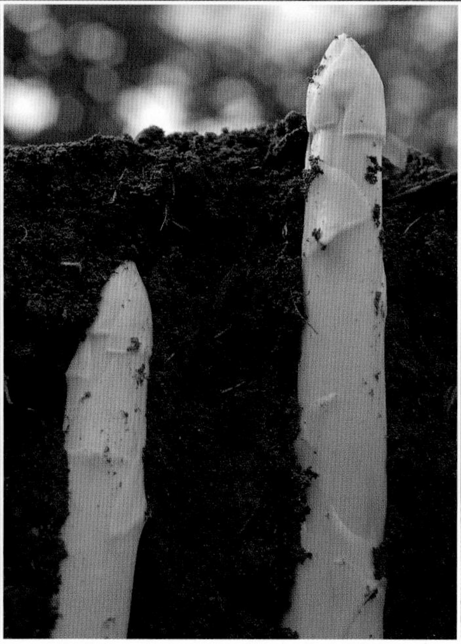

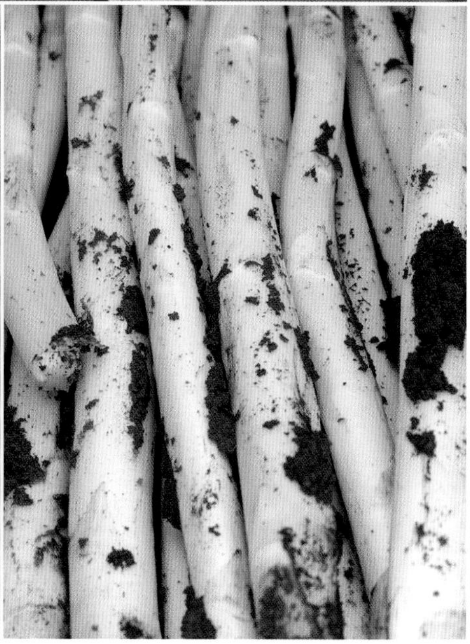

Salat von lauwarmem Kabeljau mit Oliven-kartoffeln und Kapern-Zwiebel-Vinaigrette

400 g Kartoffeln, mehlig kochend
400 g Kabeljau, ohne Haut
40 g Kapern, fein gehackt
20 Oliven, ohne Kern
160 g geschmorte Zwiebeln
  (siehe S. 182)
½ Zitrone
Salz, Pfeffer
Petersilie, fein gehackt
Olivenöl

ZUM ANRICHTEN:
Frisée
Feldsalat

Zubereitung: Die Kartoffeln mit der Schale kochen, pellen und in Spalten schneiden. Zusammen mit den Oliven in Olivenöl anbraten, ohne Farbe zu geben. Den Kabeljau in dünne Scheiben schneiden und mit Salz, Pfeffer, etwas Zitronensaft und Olivenöl auf einem Teller marinieren. Für die Vinaigrette die geschmorten Zwiebeln mit der Petersilie, etwas Olivenöl und den Kapern vermischen, salzen und pfeffern.
Anrichten: Die Kartoffelspalten auf Teller verteilen und mit den Kabeljauscheiben belegen. Im Backofen bei starker Oberhitze (180 ºC) ca. 3 Minuten garen. Mit den Salaten garnieren und mit der Kapern-Zwiebel-Vinaigrette beträufeln.

Weintipp: Weißburgunder „Praesulis", Gumphof, Markus Prackwieser, Völs

Zander-Rosmarin-Spieß auf Gartensalaten

FÜR DEN ZANDER-
ROSMARIN-SPIESS:
600 g Zanderfilet
4 Rosmarinzweige
Salz, Pfeffer
100 g Weizenmehl
100 g Kartoffelmehl
200 g Wasser, eiskalt
1 Eiweiß
Öl zum Frittieren

ZUM ANRICHTEN:
verschiedene Blattsalate
  (z. B. Maikönig, Rucola, Frisée,
  Eichblatt)
8 EL Salatvinaigrette (siehe S. 180)
12 Schnittlauchhalme
12 Basilikumblätter
12 Petersilienblätter

Zubereitung: Das Zanderfilet in zwölf gleich große Stücke schneiden, salzen und pfeffern. Von den Rosmarinzweigen die Nadeln entfernen (nur oben noch einige Nadeln stehen lassen) und die Fischstücke aufspießen. Das Weizen- und Kartoffelmehl mit dem eiskalten Wasser und dem Eiweiß zu einem Ausbackteig verrühren. Die Spießchen hineintauchen und im 180 ˚C heißen Öl ungefähr 5 Minuten frittieren. Salat putzen und mit der Vinaigrette anmachen.
Anrichten: Den Salat auf die Teller verteilen. Den Zander-Rosmarin-Spieß daraufsetzen und mit Basilikum, Schnittlauch und Petersilie garnieren.

Weintipp: Chardonnay „Hausmannhof", Alois Ochsenreiter – Haderburg, Salurn

Erbsensuppe mit Graukäseöl

FÜR DIE ERBSENSUPPE:
600 g frische Erbsen
700 g Gemüsefond (siehe S. 180)
80 g kalte Butter
Salz, Pfeffer

FÜR DAS GRAUKÄSEÖL:
4 EL Olivenöl
100 g Graukäse

ZUM ANRICHTEN:
Erbsen, gekocht
Erbsenpüree (siehe S. 36)

Zubereitung: Die Erbsen in etwas Olivenöl anschwitzen, mit dem Gemüsefond aufgießen und ungefähr 10 Minuten köcheln lassen. Zusammen mit der kalten Butter im Mixer pürieren. Mit Salz und Pfeffer abschmecken und durch ein feines Sieb streichen.
Für das Graukäseöl das Öl und den zerbröselten Graukäse aufmixen.
Anrichten: Die Suppe in einen tiefen Teller geben und mit dem Graukäseöl beträufeln. Mit ein paar gekochten Erbsen und einer Nocke Erbsenpüree garnieren.
Tipp: Man kann zum Anrichten statt des Erbsenpürees auch den Erbsenbrei verwenden, der im Sieb zurückbleibt, und davon eine Nocke abstechen. Der Geschmack wird dann rustikaler.

Weintipp: Kerner „Hoandlhof", Manfred Nössing, Brixen

Graukäse

Der Graukäse gehört zu den Tiroler Spezialitäten, den Senner und Sennerinnen ohne Labzusatz auf den Almen herstellen und der bevorzugt mit Zwiebeln sowie Essig und Öl genossen wird. Manche Käseliebhaber mögen diesen fettarmen Käse erst, wenn er nach einigen Wochen der Reife zunehmend säuerlich und scharf schmeckt.

Topfenknödel mit Bärlauchsauce

FÜR DIE TOPFENKNÖDEL:
400 g Topfen
50 g Parmesan, gerieben
20 g Kartoffelmehl
Salz, Pfeffer
2 Eigelb
Mehl zum Wälzen

FÜR DIE BÄRLAUCHSAUCE:
30 g Bärlauch
70 g Zwiebeln
150 g Sahne
Salz, Pfeffer
Olivenöl

ZUM ANRICHTEN:
etwas zerlassene Butter
Parmesan, gerieben

Zubereitung: Den Topfen in einem Küchentuch gut ausdrücken, mit Eigelb, Parmesan, Kartoffelmehl, Salz und Pfeffer vermischen und 1 Stunde ruhen lassen. Aus der Masse Knödel formen und in Mehl wälzen. Ungefähr 10 Minuten in Salzwasser kochen lassen.

Für die Bärlauchsauce die Zwiebeln in Olivenöl anschwitzen, den Bärlauch dazugeben und etwas andünsten lassen. Mit der Sahne aufgießen und ungefähr 3 Minuten kochen lassen. Mit Salz und Pfeffer abschmecken und im Mixer fein pürieren.

Anrichten: Etwas Bärlauchsauce in die Mitte des Tellers geben, die Knödel daraufsetzen und mit Parmesanspänen und zerlassener Butter garnieren.

Weintipp: Ruländer, Peter Kobler, Margreid

Soufflierter Kasknödel auf Rahmspinat

**FÜR DEN SOUFFLIERTEN
KASKNÖDEL:**
150 g Weißbrot, in Würfel
**200 g gereifter Kuhkäse (z. B.
   Stilfser)**
50 g Graukäse
**60 g geschmorte Zwiebeln
   (siehe S. 182)**
2 Eier
4 Eiweiß
Salz, Pfeffer
Petersilie, fein gehackt
4 Filoteigblätter (18 x 18 cm)

FÜR DEN RAHMSPINAT:
300 g Spinat
70 g Zwiebeln, fein gehackt
2 Knoblauchzehen, fein gehackt
150 g Sahne
Salz, Pfeffer
Olivenöl

Zubereitung: Kuhkäse und Graukäse würfeln und mit den Weißbrot-würfeln vermischen. Die geschmorten Zwiebeln mit Petersilie, Salz und Pfeffer würzen, die Eier dazugeben und gut verrühren. Das Eiweiß steif schlagen und unterheben. Die Masse etwas ruhen lassen. Soufflé-förmchen ausbuttern und mit einem Filoteigblatt auslegen. Die Soufflé-masse hineingeben und im vorgeheizten Backofen bei 150 °C ungefähr 15 Minuten backen.

Für den Rahmspinat die Zwiebeln und den Knoblauch in Olivenöl anschwitzen. Den geputzten Spinat dazugeben und andünsten, mit der Sahne aufgießen und mit Salz und Pfeffer abschmecken. Im Mixer fein pürieren und warm stellen.

Anrichten: Den Rahmspinat in die Mitte des Tellers geben und den soufflierten Kasknödel daraufsetzen.

Tipp: Verwenden Sie für die Herstellung von Knödeln immer zwei Tage altes Weißbrot. Legen Sie es bis zur Verwendung in eine Plastiktüte.

Weintipp: Weißburgunder „Puntay", Erste & Neue Kellerei Kaltern

Cannelloni gefüllt mit grünem Spargel

200 g Nudelteig (siehe S. 183)
1 kg grüner Spargel
50 g Mascarpone
40 g gekochter Schinken
50 g zerlassene Butter
16 gekochte Spargelspitzen
Salz, Pfeffer
Olivenöl

ZUM ANRICHTEN:
40 g Parmesan, Späne

Zubereitung: Den Spargel schälen und in kleine Stücke schneiden. In Salzwasser weich kochen. In ein mit einem Küchentuch ausgelegtes Sieb gießen, etwas abkühlen lassen und ausdrücken. Mit Mascarpone, Salz und Pfeffer im Mixer pürieren, kalt stellen.

Den Nudelteig ca. 70 cm lang dünn ausrollen. Mit einem Spritzsack die Spargelfüllung in zwei dünnen Streifen auf das Nudelblatt geben. Den Nudelteig in der Mitte längs durchschneiden. Den Teig über die Füllung stülpen und fest andrücken. Den Rand gleichmäßig abschneiden und zu einer Rolle formen. Anfang und Ende der Rolle gut zusammendrücken. Die Cannelloni in Salzwasser ungefähr 3–4 Minuten kochen.

Die halbierten Spargelspitzen in der zerlassenen Butter erwärmen. Den Schinken in feine Streifen schneiden und in Olivenöl anrösten.

Anrichten: Die Cannelloni in der Mitte der Teller platzieren. Mit den Spargelspitzen, den Parmesanspänen und dem gerösteten Schinken garnieren.

Weintipp: Sauvignon „Voglar", Peter Dipoli, Neumarkt

Mit Topfen gefüllte Zucchiniblüte
auf mediterraner Sauce

4 Zucchiniblüten
200 g Topfen
40 g Parmesan, gerieben
2 Eiweiß
1 TL Knoblauchöl (siehe S. 180)
Salz, Pfeffer
Olivenöl
100 g Gemüsefond (siehe S. 180)

FÜR DIE MEDITERRANE SAUCE:
4 kleine Zucchini
4 EL Buttersauce (siehe S. 180)
1 EL geschmorte Tomatenwürfel
  (siehe S. 182)
1 EL geschmorte Peperoniwürfel
  (siehe S. 182)
1 EL schwarze Oliven, ohne Stein
5 Basilikumblätter

ZUM ANRICHTEN:
40 g Parmesan, Späne
Petersilienöl (siehe S. 62)

Zubereitung: Den Topfen gut in einem Küchentuch ausdrücken, mit Salz, Pfeffer und Knoblauchöl abschmecken. Parmesan unterrühren.
Das Eiweiß steif schlagen und vorsichtig unter die Topfenmasse heben. Von den Zucchiniblüten die Blütenstempel entfernen und die Blüten mit der Topfenmasse füllen. In eine Pfanne legen und mit Gemüsefond aufgießen. Im vorgeheizten Backofen bei 140 °C ca. 15 Minuten garen. Die Zucchini in dünne Scheiben schneiden, in Olivenöl etwa 5 Minuten ansautieren. Mit Salz und Pfeffer würzen. Die Tomaten- und Peperoniwürfel, die Oliven sowie die in feine Streifen geschnittenen Basilikumblätter zur Buttersauce geben und erwärmen.

Anrichten: Die Zucchinischeiben auf einen Teller geben. Die Zucchiniblüte daraufsetzen und mit der Sauce, Petersilienöl und den Parmesanspänen garnieren.

Tipp: Man kann die Zucchiniblüten auch 10 Minuten bei 100 °C im Dampfgarer garen, dann allerdings ohne Zugabe von Gemüsefond.

Weintipp: Weißburgunder „Weißhaus", Kellerei Schreckbichl, Girlan

Minzrisotto mit Zander

240 g Zanderfilet, mit Haut
280 g Risottoreis (z. B. Carnaroli)
40 g Parmesan, gerieben
1 l Gemüsefond (siehe S. 180)
Olivenöl
Salz, Pfeffer

FÜR DIE MINZEPASTE (REICHT
FÜR CA. 10 PORTIONEN):
400 g Butter
100 g Minzeblätter
Schale von 2 unbehandelten
  Zitronen, fein geschnitten
Saft von 1 Zitrone
50 g Zucker

ZUM ANRICHTEN:
frittierte Minzeblätter
etwas Olivenöl

Zubereitung: Für die Minzepaste den Zitronensaft mit dem Zucker leicht karamellisieren lassen, die Zitronenschale mit der weichen Butter vermengen. Den ausgekühlten Zitronenkaramell mit der Buttermasse verrühren. 75 g Minze blanchieren. Zusammen mit den restlichen 25 g Minze (eiskalt) und den anderen Zutaten im Mixer aufmixen. Bis zur weiteren Verarbeitung kalt stellen.

Den Reis im heißen Olivenöl anrösten, ohne dass er Farbe annimmt. Mit Gemüsefond aufgießen, sodass der Reis bedeckt ist. Wenn die Flüssigkeit verdampft ist, erneut aufgießen. Unter ständigem Rühren ca. 13 Minuten kochen lassen. Vier Esslöffel Minzepaste unterrühren. Mit Parmesan, Salz und Pfeffer abschmecken.

Das Zanderfilet portionieren und auf der Hautseite ca. 5 Minuten in Olivenöl anbraten. Salzen und pfeffern. Umdrehen und auf der Fleischseite noch ungefähr 2 Minuten in der heißen Pfanne ziehen lassen.

Anrichten: Den Risotto mithilfe eines Metallrings in die Tellermitte setzen. Das gebratene Zanderfilet darauflegen. Mit frittierter Minze und Olivenöl garnieren.

Tipps: Die Minzepaste lässt sich gut auf Vorrat zubereiten und tiefgekühlt aufbewahren. Die Minzpaste bleibt schön grün, wenn alle Zutaten eiskalt sind. Am besten gelingt es mit dem Pacojet.

Weintipp: Sauvignon, Iganz Niedrist, Girlan

Lauch-Topfen-Palatschinken mit lauwarmem Gemüsetatar

FÜR DEN PALATSCHINKENTEIG:
100 g Lauch, nur den grünen Teil
120 g Milch
30 g Mehl
1 Ei
etwas Salz

FÜR DIE FÜLLUNG:
320 g Topfen
Salz, Pfeffer
etwas Knoblauchöl (siehe S. 180)

FÜR DIE GEMÜSE:
80 g Zucchini
80 g Tomaten, gehäutet und
  entkernt
80 g Melanzane
80 g grüne Bohnen
1 Thymianzweig
5 Basilikumblätter
Salz, Pfeffer
etwas Knoblauchöl (siehe S. 180)

ZUM ANRICHTEN:
gereifter Kuhkäse (z. B. Sextner)

Zubereitung: Den Lauch in Streifen schneiden und in Salzwasser weich kochen, auskühlen lassen. Zusammen mit der kalten Milch im Mixer pürieren. Das Mehl dazugeben und alles durch ein Sieb streichen. Anschließend das Ei sowie etwas Salz unter den Teig rühren. In einer Pfanne (ca.18 cm Ø) dünne Palatschinken backen und auskühlen lassen. Den Topfen in einem Küchentuch gut ausdrücken, mit Salz, Pfeffer und etwas Knoblauchöl vermengen. Die Palatschinken auf eine Klarsichtfolie legen, mit der Topfencreme bestreichen und mithilfe der Folie aufrollen. Auf ein gebuttertes Backblech geben, gut mit Klarsichtfolie (keine haushaltsübliche Frischhaltefolie!) abdecken und im vorgeheizten Backofen bei 120 °C 15 Minuten backen.
Die Bohnen in kleine Stücke schneiden und 10 Minuten in Salzwasser kochen lassen. Zucchini, Tomaten und Melanzane in feine Würfel schneiden. Das Gemüse getrennt in etwas Olivenöl ca. 10 Minuten dünsten und mit Salz, Pfeffer, Knoblauchöl, den fein gehackten Thymianblättchen und dem in feine Streifen geschnittenen Basilikum abschmecken.

Anrichten: Die verschiedenen Gemüse mithilfe eines Metallrings auf dem Teller anrichten, den Palatschinken in vier gleich große Stücke schneiden und auf jedes Gemüsetatar ein Stück legen. Mit Spänen von gereiftem Kuhkäse garnieren.

Tipp: Für dieses Gericht brauchen Sie eine hitzebeständige Klarsichtfolie, also keine Frischhaltefolie, die Sie in einem Geschäft für den Gastronomiebedarf finden.

Weintipp: Sylvaner „Alte Reben", Pacherhof Neustift, Vahrn

Milch

Milch wurde pur getrunken oder verarbeitet. Der erste Samstag in der Fastenzeit war der „Kassamstag", weil da die Bauern aus den Tälern die städtische Bevölkerung von Meran und Bozen mit Käselaiben für die Fastenzeit versorgten. Milch und Käse waren für die Bauern eine wichtige Einnahmequelle.

Spargelgröstl mit Landschinken

400 g weißer Spargel (z. B.
 Terlaner Spargel „Margarethe")
400 g grüner Spargel
200 g Kartoffeln
100 g gekochter Schinken
10 Basilikumblätter
Knoblauch
Salz, Pfeffer
Olivenöl
Gemüsefond (siehe S. 180)

Zubereitung: Den Spargel schälen und in gleich große Stücke schneiden. Die Kartoffeln mit der Schale in dünne Scheiben schneiden und in Olivenöl goldgelb ausbacken. Den Spargel in einer Pfanne mit etwas Olivenöl anrösten, mit etwas Gemüsefond aufgießen und 10–15 Minuten garen. Das Basilikum und den Schinken in Streifen schneiden und zum Spargel geben. Mit Salz und Pfeffer würzen. Zum Schluss die frittierten Kartoffelscheiben dazugeben und kurz durchschwenken.
Anrichten: Das Spargelgröstl auf Tellern anrichten.

Weintipp: Riesling „Falkenstein", Franz Pratzner, Naturns

Gebratenes Spanferkel

200 g Rücken
200 g Keule
200 g Schulter
2 Knoblauchzehen
2 Rosmarinzweige
Salz, Pfeffer
Olivenöl

Zubereitung: In einer Pfanne etwas Olivenöl erhitzen, das Spanferkel mit der Hautseite in die Pfanne legen, salzen und pfeffern. Die halbierten Knoblauchzehen und die Rosmarinzweige dazugeben. Das Spanferkel bei 130–140 °C so lange auf der Hautseite anbraten, bis die Haut goldbraun und kross ist (ungefähr 15 Minuten). Das Fleisch wenden und weitere 15 Minuten bei 100–120 °C im vorgeheizten Backofen braten.
Anrichten: Das Spanferkel in Scheiben schneiden und auf gedünstetem Saisongemüse nach Wahl anrichten und mit dem Bratensaft beträufeln.

Weintipp: Blauburgunder „St. Valentin", Kellerei St. Michael/Eppan

Mit Bärlauch gefüllte Hühnerbrust, Frühlingszwiebeln und Erbsen

2 Hühner (vom Bauern)
250 g Hühnerbrust, pariert
160 g Sahne
1 Eiweiß
35 g Bärlauch
16 Frühlingszwiebeln
300 g Erbsen
1 Knoblauchzehe
1 Rosmarinzweig
Salz, Pfeffer
Olivenöl

Zubereitung: Das Hühnerbrustfleisch klein schneiden, mit Sahne, Bärlauch, Eiweiß vermischen. Salzen und pfeffern und im Tiefkühlfach leicht anfrieren lassen. Anschließend im Mixer fein pürieren und kalt stellen. Die Hühner zerteilen, die Keulen anderweitig verwenden. Die Hühnerbrust (mit Haut) schön parieren und vorsichtig eine Tasche hineinschneiden. Die Bärlauchfarce mit einem Spritzsack in die Tasche füllen. Das gefüllte Hühnerbrüstchen salzen und pfeffern, auf der Hautseite in Olivenöl anbraten. Knoblauch und Rosmarin dazugeben. Wenden und auf der anderen Seite braten. Das Braten dauert auf beiden Seiten insgesamt ungefähr 7 Minuten. Das Fleisch bei 80 °C im Backofen ungefähr 30 Minuten ruhen lassen, den Bratensaft abseihen und warm stellen.
Die Frühlingszwiebeln putzen und blanchieren, anschließend halbieren und in Olivenöl ansautieren. Die Erbsen in Olivenöl gar schwenken.
Anrichten: Die Zwiebeln und die Erbsen auf dem Teller verteilen, die Hühnerbrust schräg durchschneiden und daraufsetzen. Mit etwas Bratensaft garnieren.

Weintipp: Vernatsch „Kalchofen", Baron di Pauli, Kaltern

Kitz mit Zitronengremolata, Erbsenpüree und zweierlei Spargel

2 Kitzschultern mit Knochen
 (à 800 g)
1 Karotte
1 Zwiebel
5 Knoblauchzehen
½ Sellerieknolle
5 Thymianzweige
3 Rosmarinzweige
3 Lorbeerblätter
Salz, Pfeffer
Olivenöl
2 l Gemüsefond (siehe S. 180)

FÜR DIE ZITRONENGREMOLATA:
4 EL geschmorte Zwiebeln
 (siehe S. 182)
1 Zitrone (unbehandelt)
3 Thymianzweige

FÜR DEN SPARGEL:
12 Stangen weißer Spargel
12 Stangen grüner Spargel
2 Eier
Mehl
Semmelbrösel

FÜR DAS ERBSENPÜREE:
500 g Erbsen
150 g geklärte Butter
Salz, Pfeffer

Zubereitung: Die Zitrone blanchieren und die Schale abreiben. Die Thymianblättchen abzupfen und fein schneiden. Mit der Zitronenschale und den geschmorten Zwiebeln verrühren.

Die Kitzschulter salzen und pfeffern. Das Gemüse und die Kräuter klein schneiden und in einen Bräter mit Olivenöl geben, die Kitzschulter darauflegen und im vorgeheizten Backofen bei 140 °C ca. 1–1½ Stunden braten. Dabei immer wieder mit Gemüsefond aufgießen. Die Kitzschulter herausnehmen und warm stellen. Den Bratensaft abseihen und bis zur gewünschten Konsistenz einkochen lassen. Die Kitzschulter mit der Zitronengremolata bestreichen und bei starker Oberhitze ungefähr 3 Minuten gratinieren.

Den Spargel schälen und in Salzwasser bissfest kochen. Den weißen Spargel mit Mehl, Ei und Semmelbröseln panieren und im 180 °C heißen Öl ausbacken. Den grünen Spargel in Olivenöl ansautieren.

Für das Erbsenpüree die Erbsen ca. 5 Minuten in Salzwasser kochen, abseihen. Mit Salz und Pfeffer würzen und mit der geklärten Butter im Mixer fein pürieren.

Anrichten: Den Spargel auf die Teller verteilen. Die Kitzschulter vom Knochen befreien, halbieren und auf den Spargel setzen. Mit Bratensaft beträufeln und mit einer Nocke Erbsenpüree garnieren.

Weintipp: Blauburgunder „Pigenó", Weingut Stroblhof, Eppan

Rhabarbercarpaccio mit Erdbeertatar und Vanilleeis

FÜR DAS VANILLEEIS
(CA. 10 PORTIONEN):
250 g Sahne
250 g Milch
50 g Zucker
6 Eigelb
1 Vanilleschote

FÜR DAS
RHABARBERCARPACCIO:
200 g Rhabarber
½ l Zuckerwasser (Verhältnis 1:1)
4 Erdbeeren

FÜR DAS ERDBEERTATAR:
200 g Erdbeeren
50 g Rhabarber
30 g Zucker

ZUM ANRICHTEN:
4 Hippen (siehe S. 78)
50 g Schokolade (70 % Kakao)
30 g weiße Schokolade
Staubzucker

Zubereitung: Für das Eis Eier und Zucker schaumig schlagen. Die Vanilleschote halbieren, das Mark herauskratzen und mit Milch und Sahne aufkochen. Zur Eiermasse geben und auf dem Wasserbad zur Rose abziehen. In der Eismaschine gefrieren lassen.

Den geschälten Rhabarber in hauchdünne Scheiben schneiden und mit den ebenfalls in dünne Scheiben geschnittenen Erdbeeren auf ein Backblech legen. Mit Zuckerwasser übergießen und bei starker Oberhitze im Backofen ca. 3–4 Minuten garen. Kalt stellen.

Für das Erdbeertatar die Erdbeeren und den Rhabarber in feine Würfelchen schneiden. Die Rhabarberwürfel mit etwas Zucker marinieren und in einer Pfanne bei mittlerer Hitze ungefähr 3 Minuten ansautieren, kalt stellen. Die Erdbeerwürfel mit dem Zucker und dem Rhabarber vermischen.

Die Schokoladen schmelzen und die dunkle dünn auf Backpapier ausstreichen und mit der weißen dekorieren. Erstarren lassen und in kleine Stücke brechen.

Anrichten: Die Rhabarber- und Erdbeerscheiben gleichmäßig auf den Tellern verteilen. Das Erdbeertatar mithilfe eines Metallrings daraufsetzen. Eine Hippe mit einer Nocke Vanilleeis anlegen. Mit Schokosplittern und Staubzucker garnieren.

Weintipp: Rosenmuskateller, Franz Haas, Montan

Soufflierter Rhabarberschmarren

**FÜR DEN RHABARBER-
SCHMARREN:**
300 g Milch
70 g Zucker
20 g Vanillezucker
15 g Butter
70 g Topfen
2 Eigelb
100 g Mehl
3 Eiweiß
1 Prise Salz
200 g Rhabarber
50 g Zucker
30 g Butter
**4 Erdbeeren, in Scheiben
  geschnitten**

ZUM ANRICHTEN:
Staubzucker
Erdbeeren
Minze

Zubereitung: Milch und Butter aufkochen und in den Mixer geben. Während des Mixens Topfen, Eigelb, Zucker, Vanillezucker und Mehl dazugeben. Weitere 5 Minuten mixen (eventuell durch ein Sieb streichen) und kalt stellen.

Den Rhabarber schälen und in 1 cm dicke Stücke schneiden. Mit dem Zucker vermischen und in Butter ca. 4–5 Minuten andünsten (mittlere Hitze). Vom Herd nehmen und die Erdbeeren dazugeben.

Eiweiß mit Salz steif schlagen. Ein Drittel kräftig unter die Schmarren-masse rühren, zwei Drittel vorsichtig unterheben. Den Rhabarber und die Erdbeeren gleichmäßig in einer beschichteten Pfanne verteilen. Die Schmarrenmasse darübergeben. Im vorgeheizten Backofen bei 150–160 °C ca. 10–15 Minuten backen.

Anrichten: Den Schmarren mit einem Löffel grob zerteilen, auf Teller geben und mit Staubzucker bestreuen. Mit den geviertelten Erdbeeren und Minze garnieren.

Tipp: Sie können den Schmarren mit einem Erdbeersorbet servieren. Dazu 500 g Erdbeeren pürieren und mit 250 g Wasser, 150 g Zucker und 30 g Zitronensaft vermischen. In der Eismaschine gefrieren lassen.

Weintipp: Rosenmuskateller „Ansitz Waldgries", Christian Plattner, St. Justina/Bozen

Topfenmoussetörtchen mit Kirschragout

**FÜR DIE TOPFEN-
MOUSSETÖRTCHEN:**
250 g Topfen (unter 10 % Fett i. Tr.)
Saft von 1½ Zitronen
60 g Staubzucker
150 g Eiweiß
375 g Sahne

FÜR DAS KIRSCHRAGOUT:
800 g Süßkirschen
400 g Zucker

ZUM ANRICHTEN:
Minze
Staubzucker

Zubereitung: Den Topfen mit Staubzucker und Zitronensaft verrühren. Die Sahne und das Eiweiß steif schlagen. Erst die Sahne und dann das Eiweiß vorsichtig unter die Topfenmasse heben. Die Masse in ein mit einem Küchentuch ausgeschlagenes Sieb geben, damit sie abtropfen kann. Im Kühlschrank 3 Stunden kalt stellen.
Für das Kirschragout die Kirschen entsteinen. Ungefähr die Hälfte mit 300 g Zucker und etwas Wasser aufkochen. Die andere Hälfte mit dem restlichen Zucker marinieren. Die gekochten Kirschen im Mixer pürieren und durch ein feines Sieb passieren. Noch einmal aufkochen und die marinierten Kirschen dazugeben. Auskühlen lassen.
Anrichten: Die Topfenmousse mithilfe eines Metallrings auf die Teller setzen. Mit Kirschragout, Minze und Staubzucker garnieren.

Weintipp: Gewürztraminer Spätlese „Falkenstein", Franz Pratzner, Naturns

Schwarzplenttörtchen mit Erdbeeren und Honig

500 g Milch
60 g Zucker
½ Vanilleschote
**130 g Buchweizenmehl
  (Schwarzplent)**
2 Eier
2 Eiweiß

ZUM ANRICHTEN:
30 g Honig (z. B. Blütenhonig)
400 g Erdbeeren
Zucker
Minze
Staubzucker

Zubereitung: Die Milch zusammen mit 30 g Zucker und der aufgeschlitzten Vanilleschote aufkochen. Das Buchweizenmehl auf einmal dazugeben und so lange kochen, bis sich die Masse vom Topf löst. Abkühlen lassen und die Eier einrühren. Kalt stellen. Eiweiß mit den restlichen 30 g Zucker steif schlagen. Die Vanilleschote aus der Masse nehmen und das Eiweiß unterheben. Acht Souffléförmchen mit Butter auspinseln und mit Zucker ausstreuen. Die Masse ungefähr drei Viertel hoch einfüllen und im vorgeheizten Backofen bei 180 °C 14 Minuten backen.
Die geputzten Erdbeeren vierteln und mit etwas Zucker marinieren.
Anrichten: Die marinierten Erdbeeren auf dem Teller verteilen, den Honig kreisförmig darüberträufeln und das Buchweizentörtchen daraufsetzten. Mit in Streifen geschnittener Minze und Staubzucker garnieren.

Weintipp: Rosenmuskateller „Terminum", Kellerei Tramin

Soufflierter Marmorkuchen mit Kaffeeeis

FÜR DIE DUNKLE MASSE:

150 g Milch
50 g Mehl
50 g Topfen
70 g Kakaopulver, ungesüßt
50 g Zucker
3 Eiweiß
3 Eigelb

FÜR DIE HELLE MASSE:

150 g Milch
50 g Topfen
3 Eigelb
50 g Mehl
3 Eiweiß
50 g Zucker

FÜR DAS KAFFEEEIS:

200 g Milch
200 g Sahne
4 Eier
4 Eigelb
150 g Zucker
30 g Instantkaffeepulver
100 g Espresso

ZUM ANRICHTEN:

Minze
Staubzucker
Schokolade, geschmolzen

Zubereitung: Für das Kaffeeeis Eier, Eigelb und Zucker verrühren. Den Instantkaffee mit dem Espresso vermischen und dazugeben. Sahne und Milch aufkochen und in die Mischung rühren. Auf dem Wasserbad zur Rose abziehen und in der Eismaschine gefrieren lassen.

Für die dunkle Masse Milch, Mehl, Topfen und Eigelb vermengen, das Kakaopulver unterrühren. Eiweiß mit Zucker steif schlagen und vorsichtig unter die Masse heben.

Für die helle Masse Milch, Mehl, Topfen und Eigelb verrühren. Das Eiweiß mit dem Zucker steif schlagen und vorsichtig unter die Masse ziehen. Vier Metallringe mit Butter bepinseln und mit Zucker ausstreuen. Erst die dunkle Masse einfüllen und dann die helle oben daraufgeben. Eine Gabel vorsichtig durch die Masse ziehen, sodass sie schön marmoriert wird. Im vorgeheizten Backofen bei 160 °C 15 Minuten backen.

Anrichten: Die Törtchen vorsichtig aus den Ringen lösen und auf Teller setzen. Das Kaffeeeis anlegen und mit Minze, Staubzucker und geschmolzener Schokolade garnieren.

Weintipp: Rosenmuskateller „Abtei", Klosterkellerei Muri-Gries, Bozen

Sommer

Sämtliche Rezepte sind – wo nicht anders angegeben – für 4 Personen berechnet.

Komposition vom Kalbskopf mit Senfeis

FÜR DEN KALBSKOPF:
½ **Kalbskopf**
1 **Karotte**
1 **Zwiebel**
1 **Stange Staudensellerie**
3 **Knoblauchzehen**
5 **Wacholderbeeren**
5 **Lorbeerblätter**
Salz, Pfeffer

Zubereitung: Den Kalbskopf zusammen mit den übrigen Zutaten in einem Topf mit Wasser ungefähr 4 Stunden kochen lassen (je nach Größe). Herausnehmen und etwas auskühlen lassen. Von Knochen und Fett (nicht von der Haut!) befreien und die Zunge schälen. Das parierte Fleisch und die Zunge in dünne Scheiben schneiden. Ein Küchentuch anfeuchten und die parierte, gesäuberte Kalbskopfhaut mit der Außenseite auf das Küchentuch legen. Darauf die Scheiben von der Zunge, der Wange und vom restlichen Fleisch gleichmäßig verteilen und mithilfe des Küchentuches vorsichtig zusammenrollen. Ungefähr 5 Stunden kalt stellen.

Weintipp: Weißburgunder „Castel Juval", Martin Aurich – Weingut Unterortl, Kastelbell

Kalbskopf-Kartoffel-Carpaccio

16 **Scheiben Kalbskopf (à 10 g)**
16 **dünne Kartoffelscheiben,**
   blanchiert
Salat (z. B. Frisée, Rucola,
   Feldsalat)
3 **EL Salatvinaigrette (siehe S. 180)**
Salz, Pfeffer
Olivenöl
Maldon Seasalt

Zubereitung: Den Teller mit etwas Olivenöl bestreichen, zwei Kartoffelscheiben darauflegen und auf diese zwei Kalbskopfscheiben geben. Diesen Vorgang wiederholen. Salzen und pfeffern. Bei starker Oberhitze im Backofen ca. 3 Minuten gratinieren lassen.
Anrichten: Die gratinierten Kalbskopfscheiben mit Salat und Maldon Seasalt garnieren und mit Vinaigrette beträufeln.

Kalbskopf mit Tomaten-Basilikum-Vinaigrette

4 **Scheiben Kalbskopf (à 40 g)**
1 **Tomate**
1 **Schalotte**
5 **Basilikumblätter**
½ **l Gemüsefond (siehe S. 180)**
3 **EL Salatvinaigrette (siehe S. 180)**
Salz, Pfeffer

Zubereitung: Die Kalbskopfscheiben im Gemüsefond leicht erwärmen. Die geschälte und entkernte Tomate in feine Würfel schneiden und zusammen mit der fein gehackten Schalotte, das in Streifen geschnittene Basilikum, Salz und Pfeffer vermischen. Mit der Salatvinaigrette abschmecken.
Anrichten: Die Kalbskopfscheiben auf einen Teller geben und mit der Tomaten-Basilikum-Vinaigrette garnieren.

Senfeis

FÜR CA. 20 PORTIONEN:
400 g Sauerrahm
10 g Milchpulver (Apotheke)
120 g Senf
50 g Pommery-Senf (Moutarde de Meaux)
40 g Dijon-Senf
90 g Glucose (Apotheke)
10 g weißer Balsamico-Essig oder Obstessig
5 g Salz

Zubereitung: Alle Zutaten verrühren und in der Eismaschine gefrieren lassen.

Anrichten: Eine Nocke Senfeis zu den Kalbskopfvarianten servieren. Passt am besten zum mit Kräutern panierten Kalbskopf.

Mit Kräutern panierter Kalbskopf

4 Scheiben Kalbskopf (à 40 g)
8 Scheiben Toastbrot, ohne Rinde
10 Basilikumblätter
5 Thymianzweige
10 Petersilienblätter
1 Ei
etwas Mehl
Salz, Pfeffer
Salat (z. B. Frisée, Rucola, Feldsalat)
1 EL Salatvinaigrette (siehe S. 180)
Öl zum Frittieren

Zubereitung: Toastbrot in Stücke schneiden. Thymianblättchen mit Basilikum und Petersilienblättern vermengen und zum Toastbrot geben. Für 10–20 Minuten ins Tiefkühlfach stellen (so bleiben die Kräuter schön grün) und anschließend im Mixer fein pürieren. Die Kalbskopfscheiben in Mehl, Ei und Kräuterpanade wenden und im 180 °C heißen Fett ca. 4 Minuten ausbacken, auf Küchenpapier abtropfen lassen.

Anrichten: Die ausgebackenen Kalbskopfscheiben zusammen mit den Salaten auf dem Teller anrichten und mit der Vinaigrette beträufeln.

Kalbskopf

In Dörfern des Pustertales lud man in der Fastnacht oder am Ostermontag zum Kalbskopfessen ein, was als besonderer Schmaus galt. Priester, Lehrer, Bauern und andere geladene Gäste erfreuten sich an dieser Spezialität. Der Kopf von Schlachttieren war schon bei den Römern begehrt.

Zander auf Kohlrabi mit Sauerrahm-Schnittlauch-Creme und Peperonisorbet

400 g Zanderfilet, mit Haut
16 dünne Scheiben Kohlrabi
Salz, Pfeffer
Olivenöl

FÜR DIE SAUERRAHM-
SCHNITTLAUCH-CREME:
100 g Sauerrahm
30 g Schnittlauch, fein geschnitten
Salz, Pfeffer

FÜR DAS SORBET
(CA. 10 PORTIONEN):
600 g rote Peperoni
200 g Glucose (Apotheke)
35 g Balsamico-Essig
12 g Salz
25 g Zucker
1 Peperoncino, getrocknet

ZUM ANRICHTEN:
gemischter Salat
Salatvinaigrette (siehe S. 180)

Zubereitung: Für das Sorbet alle Zutaten im Mixer aufmixen und in der Eismaschine gefrieren lassen.

Die Kohlrabischeiben ca. 3 Minuten in Salzwasser blanchieren. Den Sauerrahm mit Salz und Pfeffer würzen, den Schnittlauch unterrühren. Das Zanderfilet portionieren und die Haut mit einem scharfen Messer einschneiden. In Olivenöl ca. 5 Minuten auf der Hautseite anbraten. Vom Herd nehmen und wenden. Auf der Fleischseite noch 2–3 Minuten in der heißen Pfanne gar ziehen lassen.

Anrichten: Die Sauerrahm-Schnittlauch-Creme auf dem Teller verteilen. Die blanchierten Kohlrabischeiben und den Zander daraufsetzen. Den Salat und das Sorbet daneben anrichten. Mit etwas Salatvinaigrette beträufeln und mit Olivenöl garnieren.

Tipp: Das Paprikasorbet ist sehr schwierig zuzubereiten. Es gelingt am besten mit dem Pacojet.

Weintipp: Sylvaner „Obermairl", Obermairlhof, Klausen

Stockfischmousse auf Tomatencarpaccio

300 g Kabeljaufilet
100 g Sahne
4 Thymianzweige
1 EL Knoblauchöl (siehe S. 180)
Salz, Pfeffer
Olivenöl
300 g Tomaten

ZUM ANRICHTEN:
Maikönig
Basilikum
Rucola
1 EL Salatvinaigrette (siehe S. 180)
Petersilienöl (siehe S. 62)
1 Prise getrocknete Tomaten-
schale (siehe S. 138)

Zubereitung: Den Kabeljau von der Haut und den Gräten befreien und in mittelgroße Würfel schneiden. In einer Kasserolle Olivenöl erhitzen, den Kabeljau dazugeben und etwas anschwitzen lassen. Mit Sahne aufgießen und zum Kochen bringen. Knoblauchöl, Salz, Pfeffer und Thymianzweige dazugeben und weitere 8 Minuten köcheln lassen. Die Thymianzweige herausnehmen und den Kabeljau pürieren. In einem mit einem Küchentuch ausgeschlagenen Sieb abtropfen lassen. Warm stellen.
Die Tomaten schälen und in dünne Scheiben schneiden, je nach Größe, 12–16 Scheiben zur Seite legen. Den Rest durch ein Sieb streichen und mit etwas Salz, Zucker und Olivenöl würzen. Kalt stellen.
Anrichten: Die Tomatenscheiben auf Teller verteilen und mit den passierten Tomaten bestreichen. Vom Kabeljau Nocken abstechen und auf die Tomaten geben. Mit Maikönigblättern, Basilikum und Rucola garnieren und mit der Salatvinaigrette beträufeln, Petersilienöl und getrocknete Tomatenschale darübergeben.

Weintipp: Weißburgunder „Haberlehof", Alois Lageder, Margreid

Dreierlei Peperonisüppchen mit Pragser Ziegenfrischkäse

750 g rote Peperoni
750 g grüne Peperoni
750 g gelbe Peperoni
150 g Zwiebel
1 Knoblauchzehe
1 l Gemüsefond (siehe S. 180)
60 g Butter, kalt
Salz, Pfeffer
Olivenöl

FÜR DIE EINLAGE:
250 g Pragser Ziegenfrischkäse
60 g rote Peperoni
60 g grüne Peperoni
60 g gelbe Peperoni
5 Basilikumblätter
1 Thymianzweig
1 Rosmarinzweig
2 Knoblauchzehen
Salz, Pfeffer
Olivenöl
Petersilie, gehackt

ZUM ANRICHTEN:
etwas Olivenöl

Zubereitung: Die Peperoni nach Farben getrennt putzen und in Stücke schneiden. Knoblauch und Zwiebeln fein hacken, auf drei Töpfe verteilen und in Olivenöl andünsten. Die Peperoni (nach Farben getrennt) dazugeben und ca. 5 Minuten andünsten, ohne Farbe nehmen zu lassen. Mit Gemüsefond aufgießen und ca. 15 Minuten kochen lassen. Salzen und pfeffern und mit jeweils 20 g Butter im Mixer aufmixen.
Jedes Süppchen durch ein Haarsieb passieren und warm stellen.
Für die Einlage die Peperoni schälen, in gleichgroße Stücke schneiden und auf ein Backblech legen. Mit Olivenöl beträufeln, die Kräuter dazulegen und mit Salz und Pfeffer würzen. Im Ofen bei 130 °C 1 Stunde schmoren. Auskühlen lassen und in feine Würfel schneiden. Die Peperoniwürfel mit dem Ziegenfrischkäse vermengen und mit Salz, Pfeffer und gehackter Petersilie abschmecken.
Anrichten: Die drei Suppen gleichzeitig (das geht am besten zu zweit!) in einen tiefen Teller gießen, sodass ein Mosaik entsteht. Mithilfe von zwei Löffeln eine Frischkäsenocke formen und in die Mitte setzen. Mit etwas Olivenöl beträufeln.

Weintipp: Sauvignon „St. Valentin", Kellerei St. Michael/Eppan

Zitronenrisotto mit Alpkäse

300 g Risottoreis (z. B. Carnaroli)
1 l Gemüsefond (siehe S. 180)
125 g Parmesan, gerieben
Saft einer Zitrone
Schale von 1½ unbehandelten
 Zitronen
25 g Zucker
40 g Butter, kalt
100 g Fane-Alpkäse, in Streifen
Salz, Pfeffer
Olivenöl

FÜR DAS ZITRONENÖL:
Saft von 1½ Zitronen
Schale von 2 unbehandelten
 Zitronen
45–60 g Zucker
50–100 g Olivenöl

FÜR DAS PETERSILIENÖL:
100 g Petersilienblätter
200 g Olivenöl

Zubereitung: Zucker leicht karamellisieren lassen und den Zitronensaft dazugeben, so lange kochen lassen, bis sich der Zucker aufgelöst hat. Die Zitronenschale in feine Würfel schneiden und drei Mal blanchieren, unter den Zitronenkaramell rühren, auskühlen lassen. Mit dem geriebenen Parmesan vermischen.

Für den Risotto Reis mit etwas Olivenöl anschwitzen und mit so viel heißem Gemüsefond aufgießen, dass der Reis bedeckt ist. Salzen und pfeffern. Unter ständigem Rühren 13–15 Minuten kochen lassen, dabei immer wieder Gemüsefond angießen. Vom Herd nehmen und mit der Zitronen-Parmesan-Mischung abbinden. Mit kalter Butter abschmecken.

Für das Zitronenöl Zucker leicht karamellisieren, Zitronensaft dazugeben und so lange kochen lassen, bis sich der Zucker aufgelöst hat. Die in kleine Würfel geschnittene, drei Mal blanchierte Zitronenschale und das Olivenöl dazugeben.

Für das Petersilienöl die Petersilienblätter frittieren und auf einem Küchenpapier gut abtropfen lassen. Zwischen den Fingern zerbröseln und zum Olivenöl geben.

Anrichten: Den Risotto mithilfe eines Metallrings auf den Teller geben, die Käsestreifen darüberstreuen. Mit Petersilien- und Zitronenöl garnieren.

Tipps: Beim Zitronenöl variiert die Mengenangabe für den Zucker bzw. das Öl. Soll es dünnflüssiger werden, nimmt man mehr Öl, soll es dicker werden, weniger. Die Zuckermenge kann dem eigenen Geschmack angepasst werden.

Statt des Fane-Alpkäses kann man auch einen anderen würzigen Kuhkäse verwenden.

Weintipp: Chardonnay „Linticlarus", Schlosskellerei Turmhof – Tiefenbrunner, Kurtatsch

Risotto von dreierlei Peperoni mit Piacentinu

280 g Risottoreis (z. B. Carnaroli)
40 g Butter
40 g Parmesan, gerieben
1 l Gemüsefond (siehe S. 180)
Salz, Pfeffer
Olivenöl

FÜR DIE PEPERONICREME:
900 g rote Peperoni
900 g gelbe Peperoni
900 g grüne Peperoni
Salz, Pfeffer
Olivenöl
2 Thymianzweige
10 Basilikumblätter
2 Knoblauchzehen

ZUM ANRICHTEN:
120 g Piacentinu, Würfel

Zubereitung: Die Paprika vierteln und vom Kerngehäuse befreien, auf ein Backblech legen und mit Thymian, Basilikum, den halbierten Knoblauchzehen, Olivenöl, Salz und Pfeffer würzen. Im vorgeheizten Backofen bei 120 °C 40 Minuten schmoren lassen. Herausnehmen, auf ein Küchentuch legen und auskühlen lassen. Anschließend nach Farben getrennt im Mixer pürieren und kalt stellen.

Für den Risotto das Olivenöl erhitzen, den Reis dazugeben und glasig anschwitzen. Mit so viel Gemüsefond aufgießen, dass der Reis bedeckt ist. Wenn die Flüssigkeit verkocht ist, erneut Fond angießen. Ungefähr 13 Minuten unter ständigem Rühren kochen lassen. Butter und Parmesan unterrühren. Den Risotto zu gleichen Teilen in drei Töpfe umfüllen. In jeden Risotto zwei Esslöffel Peperonicreme rühren, und zwar jeweils von einer Farbe.

Anrichten: Vom gelben Risotto einen Spiegel auf die Teller geben, einen kleineren Kreis vom roten und einen noch kleineren vom grünen Risotto daraufsetzen. Wenn man von unten leicht an den Teller klopft, entsteht einen kreisförmige Farbkomposition. Zum Schluss mit Piacentinu garnieren.

Tipps: Wenn Sie keinen Piacentinu bekommen, können Sie auch einen anderen würzigen Pfefferkäse oder Schafskäse nehmen.
Für die Zubereitung der Peperonicreme benötigt man eine so große Menge Peperoni. Sie können die Creme problemlos portionsweise einfrieren.

Weintipp: Sauvignon „Selection", Alois Ochsenreiter – Haderburg, Salurn

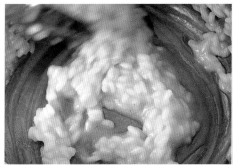
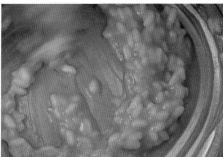

Kartoffellasagnette mit frischen Steinpilzen

200 g Nudelteig (siehe S. 183)
400 g Kartoffelpüree
400 g Steinpilze, geputzt
50 g Milch
Salz, Pfeffer
Olivenöl
Petersilie, fein gehackt
Knoblauchöl (siehe S. 180)

ZUM ANRICHTEN:
Parmesan, Späne

FÜR DAS KARTOFFELPÜREE:
750 g Kartoffeln, mehlig kochend
150 g Milch
50 g Butter
Salz und Pfeffer
Muskat

Zubereitung: Den Nudelteig dünn ausrollen und daraus 12 Nudelblätter (15 x 15 cm) schneiden. Für das Kartoffelpüree Kartoffeln in der Schale weich kochen und noch heiß schälen sowie durch ein Haarsieb streichen. Die Milch zum Kochen bringen, Milch und Kartoffeln glatt rühren, zum Schluss die kalte Butter einrühren und mit Salz, Pfeffer und Muskat würzen. Von den Steinpilzen 300 g in mittelgroße Würfel schneiden und in Olivenöl anbraten. Mit Salz, Pfeffer, Knoblauchöl und Petersilie würzen. Die restlichen Steinpilze in dünne Scheiben schneiden. Die Nudelblätter in Salzwasser etwa 4 Minuten kochen lassen.

Anrichten: Ein Nudelblatt in die Mitte des Tellers legen. Mit dem heißen Kartoffelpüree bestreichen und mit Steinpilzwürfeln bestreuen. Diesen Vorgang noch zweimal wiederholen. Mit rohen Steinpilzen und Parmesanspänen garnieren.

Weintipp: Weißburgunder „Plötzner", Kellerei St. Pauls/Eppan

Kabeljau mit Melanzaneschnitzel

600 g Kabeljaufilet, mit Haut
12 Melanzanescheiben
12 Tomatenscheiben, gehäutet
12 Basilikumblätter
24 geschmorte Tomaten
  (siehe S. 182)
1 EL Knoblauchöl (siehe S. 180)
2 Eier
Mehl
Semmelbrösel
Salz, Pfeffer
Olivenöl
Öl zum Frittieren

ZUM ANRICHTEN:
Basilikum

Zubereitung: Die dünnen Melanzanescheiben auf ein Küchenpapier legen, etwas salzen und 30 Minuten ziehen lassen. In etwas Olivenöl leicht anbraten. Die Melanzanescheiben auf einer Hälfte mit den Tomaten und einem Basilikumblatt belegen. Die andere Hälfte darüberklappen und in Mehl, Ei und Semmelbrösel wenden. Im 180 °C heißen Öl frittieren.
Das Kabeljaufilet in 4 Stücke (à 150 g) schneiden und auf der Hautseite in etwas Olivenöl ungefähr 10 Minuten scharf anbraten. Anschließend umdrehen und in der heißen Pfanne noch ca. 1 Minute auf der Fleisch-seite ziehen lassen. Die geschmorten Tomaten erwärmen und mit dem Knoblauchöl würzen.
Anrichten: Die geschmorten Tomaten auf dem Teller verteilen.
Den Kabeljau daraufsetzen und die Melanzaneschnitzel anlegen.
Mit Basilikum garnieren.

Weintipp: Grüner Veltliner „Hoandlhof", Manfred Nössing, Brixen

Millefoglie vom Kalbsrücken mit Steinpilzen und grünen Bohnen

600 g Kalbsrücken, pariert
600 g frische Steinpilze, geputzt
16 breite grüne Bohnen
½ l Kalbsfond (siehe S. 180)
1 EL Knoblauchöl (siehe S. 180)
1 Rosmarinzweig
1 Knoblauchzehe
Salz, Pfeffer
Olivenöl
Petersilie, gehackt

Zubereitung: Den Kalbsrücken salzen und pfeffern. Zusammen mit dem Rosmarin und den halbierten Knoblauchzehen in Olivenöl auf allen Seiten ca. 5–7 Minuten anbraten. Bei 80 ˚C ungefähr 15–20 Minuten ruhen lassen. Den Kalbsfond auf die Hälfte einreduzieren.
Die Bohnen putzen und in Salzwasser weich kochen, anschließend in Olivenöl schwenken. Die geputzten Steinpilze in Scheiben schneiden und in Olivenöl ansautieren, mit Knoblauchöl, Salz, Pfeffer und gehackter Petersilie abschmecken.
Anrichten: Das Kalbfleisch in dünne Scheiben schneiden. Drei Bohnen auf dem Teller verteilen. Mit Kalbfleischscheiben und Steinpilzen belegen. Diesen Vorgang noch einmal wiederholen. Zum Schluss die Millefoglie mit dem reduzierten Kalbsfond beträufeln.
Tipp: Statt der breiten grünen Bohnen können Sie auch normale grüne Bohnen verwenden.

Weintipp: St. Magdalener „Rondell", Franz Gojer, St. Magdalena/Bozen

Rehnüsschen in Rotweinsauce mit Pfifferlingen und Kichererbsenpüree

600 g Rehnüsschen, pariert
½ l Wildfond (siehe S. 180)
2 EL Rotweinreduktion (siehe
  Tipp S. 111)
4 Lorbeerblätter
5 Wacholderbeeren
1 Knoblauchzehe
350 g Pfifferlinge, geputzt
1 EL Knoblauchöl (siehe S. 180)
Salz, Pfeffer
Olivenöl
Petersilie, gehackt

FÜR DAS KICHERERBSENPÜREE:
200 g Kichererbsen, getrocknet
500 g Sahne
Salz, Pfeffer

Zubereitung: Für das Kichererbsenpüree die Kichererbsen 12 Stunden im kalten Wasser einweichen, anschließend ungefähr 1–2 Stunden in Salzwasser kochen. Abseihen und mit der Sahne aufgießen. Auf die Hälfte einreduzieren. Mit Salz und Pfeffer abschmecken und im Mixer pürieren. Falls das Püree zu fest ist, etwas Gemüsefond dazugeben.
Die Rehnüsschen mit Salz und Pfeffer würzen und zusammen mit den Lorbeerblättern, den Wacholderbeeren und dem halbierten Knoblauch in Olivenöl ca. 5 Minuten auf allen Seiten gut anbraten. Bei ungefähr 80 °C warm stellen. Den Wildfond auf die Hälfte reduzieren und mit der Rotweinreduktion abschmecken. Die Pfifferlinge in Oliven- und Knoblauchöl leicht ansautieren, mit Salz und Petersilie abschmecken.
Anrichten: Das Kichererbsenpüree in die Mitte des Tellers geben, die Rehnüsschen in Scheiben schneiden und anlegen. Mit den Pfifferlingen und der Sauce garnieren.

Weintipp: Lagrein „Unterganzner", Josephus Mayr, Kardaun/Bozen

Ochsenlende mit mediterraner Pfeffersauce und Rucola-Knoblauch-Brot

600 g Ochsenlende (4 Scheiben
  à 150 g)
240 g geschmorte Tomaten
  (siehe S. 182)
15 g grüne Pfefferkörner
200 g Weißbrot, Würfel
100 g Rucola
2 EL Knoblauchöl (siehe S. 180)
Kräuter (Basilikum, Thymian,
  Petersilie)
Salz, Pfeffer
Olivenöl

Zubereitung: Die Ochsenlende salzen und pfeffern. In Olivenöl auf beiden Seiten anbraten und 15 Minuten bei ungefähr 80 ˚C ruhen lassen. Die geschmorten Tomaten mit Pfefferkörnern, fein geschnittenen Kräutern, Salz und Pfeffer vermengen und ca. 5 Minuten köcheln lassen. Die Brotwürfel ungefähr 5 Minuten in Olivenöl frittieren und auf Küchenpapier abtropfen lassen. Anschließend mit Rucola und Knoblauchöl in einer Pfanne schwenken.
Anrichten: Einen Löffel Sauce auf dem Teller platzieren, das Rucola-Knoblauch-Brot darüber anrichten und die in 3 dünne Scheiben geschnittene Ochsenlende in der Mitte anlegen.

Weintipp: „Iugum", Peter Dipoli, Neumarkt

Gekochte Ochsenwade mit Senfgemüse

1,5 kg Ochsenwade ohne Knochen
Wurzelgemüse (Lauch, Karotte,
Sellerie, Zwiebel, Petersilie)
5 Wacholderbeeren
3 Lorbeerblätter

FÜR DAS SENFGEMÜSE:
120 g Perlzwiebeln
180 g Fenchel
80 g Sellerieknolle
120 g Zucchini
120 g Kirschtomaten, geschält
80 g Kartoffeln
80 g Kohlrabi
120 g Karotten
4 Knoblauchzehen
40 g Pommery-Senf (Moutarde de
Meaux)
10 Basilikumblätter
½ EL Thymian
5 Petersilienblätter
1 l Gemüsefond (siehe S. 180)
Salz, Pfeffer
Olivenöl
Meersalz

Zubereitung: Die Ochsenwade zusammen mit dem Wurzelgemüse, den Wacholderbeeren und Lorbeerblättern ca. 3 Stunden in Wasser kochen. Für das Senfgemüse die verschiedenen geputzten Gemüsesorten in beliebig große Stücke schneiden und – außer Zucchini und Kirschtomaten – mit den geschälten und halbierten Knoblauchzehen in Olivenöl ansautieren. Mit Gemüsefond aufgießen, sodass das Gemüse leicht bedeckt ist. Ungefähr 15 Minuten garen. Kurz vor Ende der Garzeit Zucchini und Kirschtomaten dazugeben. Salzen und pfeffern. Das Basilikum in feine Streifen schneiden, Thymian und Petersilie fein hacken. Mit den Kräutern und dem Pommery-Senf das Gemüse abschmecken.
Anrichten: Das Senfgemüse in einen tiefen Teller geben und mit der Flüssigkeit begießen. Scheiben von der Ochsenwade daraufsetzen und mit etwas Meersalz bestreuen.

Weintipp: Blauburgunder „Mazzon", Bruno Gottardi, Mazzon

Ochsen

Die Züchtung von Mastochsen hat im Gsieser Tal eine lange Tradition. Die Ochsen mussten zweimal auf die Alm, bevor ihr vorzügliches Fleisch in den Küchen europäischer Königshäuser zubereitet wurde. Heute sind die muskulösen Gsieser Ochsen durch ein eigenes Gütesiegel geschützt.

Honigpalatschinken mit Beerenkompott im Glas

FÜR DIE PALATSCHINKEN:
125 g Milch
35 g Mehl
1 Ei
1 Eigelb
10 g Zucker
1 Prise Salz

FÜR DIE HONIGCREME:
3 Eigelb
50 g Weißwein
60 g Honig
200 g Sahne, geschlagen
2 Blatt Gelatine
Saft von 1 Zitrone
200 g Beeren, gemischt

FÜR DAS BEERENKOMPOTT:
200 g Beeren, gemischt
50 g Zucker
4 EL Zuckerwasser (Verhältnis 1:1)

FÜR DIE FRÜCHTECOULIS:
100 g Marillen
etwas Zitronensaft
100 g Brombeeren
60 g Zucker

ZUM ANRICHTEN:
Minze
Staubzucker
gemischte Beeren

Zubereitung: Für den Palatschinkenteig Mehl, Zucker und Salz vermischen. Milch und Eier dazugeben und zu einem glatten Teig verrühren. In einer beschichteten Pfanne (Ø 20 cm) bei mittlerer Hitze Palatschinken backen, kalt stellen.

Für die Honigcreme Eigelb, Weißwein und Honig aufkochen. Die in kaltem Wasser eingeweichte und gut ausgedrückte Gelatine unterrühren. Die Masse durch ein Sieb passieren, mit Zitronensaft abschmecken und im Kühlschrank erkalten lassen. Die geschlagene Sahne unter die feste Masse heben, die Beeren vorsichtig dazugeben. In die Mitte der Palatschinken drei Esslöffel Honigcreme setzen und fest zusammenrollen, kalt stellen.

Für das Beerenkompott die gemischten Beeren mit Zucker vermengen und gleichmäßig in Weckgläser füllen. Pro Glas einen Löffel Zuckerwasser darübergeben und im Wasserbad ungefähr 30 Minuten erwärmen.

Für die Coulis Marillen mit 30 g Zucker und Zitronensaft pürieren und durch ein Haarsieb streichen. Die Brombeeren mit dem restlichen Zucker pürieren und ebenfalls durch ein Haarsieb streichen.

Anrichten: Die Palatschinken in 4–5 cm dicke Scheiben schneiden, in die Mitte des Tellers geben und mit den beiden Coulis, einigen Beeren, Minze und Staubzucker garnieren. Dazu das Beerenkompott im Weckglas servieren.

Weintipp: Gewürztraminer „Cresta", Hans Rottensteiner, Bozen

Honig

Heilende Kraft aus dem Bienenstock! Dem Honig wurde in allen Kulturen etwas Geheimnisvolles und Göttliches nachgesagt, da sich die Menschen seine Entstehung nicht erklären konnten. Er genoss hohes Ansehen als Süßstoff, Kosmetikum und Stärkungsmittel und durfte in der bäuerlichen Vorratskammer nicht fehlen. Als Brotaufstrich wäre er nie verwendet worden, dazu war er zu wertvoll.

Geschmorter Pfirsich mit Himbeersorbet und Hollerblütengelee

FÜR DEN GESCHMORTEN PFIRSICH:
4 Pfirsiche (Weinbergpfirsiche)
300 g Wasser
150 g Zucker

FÜR DAS HIMBEERSORBET:
500 g Himbeeren
100 g Wasser
150 g Zucker
1 Blatt Gelatine
Saft einer Zitrone

FÜR DIE HIMBEERCOULIS:
200 g Himbeeren
30 g Staubzucker

FÜR DAS VANILLEEIS:
250 g Milch
250 g Sahne
75 g Zucker
6 Eigelb
Mark einer Vanilleschote

FÜR DAS HOLLERBLÜTENGELEE:
100 g Hollersirup (siehe S. 82)
100 g Wasser
3 Blatt Gelatine

FÜR DIE HIPPE:
50 g Mehl
50 g Butter, zerlassen
50 g Staubzucker
50 g Eiweiß

ZUM ANRICHTEN:
Staubzucker
Minze
einige frische Himbeeren

Zubereitung: Den Pfirsich am Stielansatz abschneiden (ca. ein Drittel) und vom Kern befreien. Wasser und Zucker aufkochen, die Pfirsiche dazugeben und zugedeckt im Backofen bei 150 °C ungefähr 30 Minuten schmoren lassen (Achtung: Der Reifgrad der Pfirsiche bestimmt die Garzeit!)

Für das Himbeersorbet Himbeeren, Wasser, Zucker und Zitronensaft pürieren und durch ein Sieb streichen. Einen kleinen Teil erwärmen und darin die eingeweichte und gut ausgedrückte Gelatine auflösen. Zum restlichen Himbeerpüree geben und in der Eismaschine gefrieren lassen. Für die Himbeercoulis die Himbeeren mit dem Staubzucker pürieren und durch ein Haarsieb streichen.

Für das Vanilleeis Eigelb, Zucker und Vanillemark gut verrühren. Milch und Sahne aufkochen und zur Ei-Mischung geben. Auf dem Wasserbad zur Rose abziehen, anschließend in der Eismaschine gefrieren lassen.

Für das Hollerblütengelee den Hollersirup mit dem Wasser vermischen. Die eingeweichte und gut ausgedrückte Gelatine mit etwas Hollersaft erwärmen und unter den restlichen Hollersaft rühren. Im Kühlschrank 3 Stunden gelieren lassen.

Für die Hippe die zerlassene Butter mit dem Staubzucker vermengen, das Mehl und zum Schluss das Eiweiß einrühren, 3 Stunden kalt stellen. Zum Auftragen des Teigs aus etwas dickerem Kunststoff eine rechteckige Schablone (ca. 5 cm breit und 10 cm lang) schneiden. Das Backblech leicht einölen. Die Schablone darauflegen und in die Mitte der freien Fläche einen Klecks Hippenmasse geben, mithilfe einer breiten Spachtel oder einer Teigpalette glatt streichen, bis die Schablone gleichmäßig gefüllt ist. Schablone vorsichtig abheben und sofort im vorgeheizten Backofen bei 150 °C ca. 5 Minuten backen, noch heiß in die gewünschte Form bringen. (Achtung: Nach dem Auskühlen lassen sich die Hippen nicht mehr formen!)

Anrichten: Den Pfirsich mit Vanilleeis füllen und in die Mitte des Tellers setzen, die mit Himbeersorbet gefüllte Hippe anlegen. Mit Himbeercoulis, frischen Himbeeren, dem in mittelgroße Würfel geschnittenen Hollerblütengelee, Minze und Staubzucker garnieren.

Weintipp: Sauvignon Passito „Saphir", Landeskellerei Laimburg/Pfatten

Karamellisierte Krapfenblätter mit Marillen und weißer Schokoladenmousse

FÜR DIE KRAPFENBLÄTTER:
100 g Weizenmehl
100 g Roggenmehl
1 Ei
15 g lauwarme Milch
25 g zerlassene Butter
1 Prise Salz
Öl zum Frittieren
Staubzucker

FÜR DIE WEISSE SCHOKO-LADENMOUSSE:
1 Ei
1 Eigelb
340 g geschlagene Sahne
130 g weiße Schokolade
1½ Blatt Gelatine

FÜR DAS MARILLENKOMPOTT:
250 g Marillen, entsteint
250 g Wasser
175 g Zucker

FÜR DIE HIMBEERCOULIS:
50 g Himbeeren
30 g Zucker

FÜR DIE MARILLENCOULIS:
50 g Marillen, entsteint
30 g Zucker

ZUM ANRICHTEN:
Minze
Staubzucker
Himbeeren
Schwarzbeeren

Zubereitung: Für die Krapfenblätter Weizen- und Roggenmehl gut vermischen und zusammen mit den restlichen Zutaten zu einem Teig verarbeiten und ungefähr 30 Minuten kneten. Anschließend 1 Stunde ruhen lassen. Den Teig dünn ausrollen und Kreise mit einem Durchmesser von 8 cm ausstechen. Im 160 °C heißen Öl ausbacken. Auf einem Küchenpapier abtropfen lassen, sofort mit Staubzucker bestreuen, sodass der Zucker leicht karamellisiert.

Für die Schokoladenmousse die weiße Schokolade im Wasserbad schmelzen. Die Eier über dem Wasserbad schaumig schlagen und die eingeweichte und gut ausgedrückte Gelatine dazugeben. Die geschmolzene Schokolade unterrühren. Vom Herd nehmen und vorsichtig die geschlagene Sahne unterheben. Ungefähr 3 Stunden kalt stellen.

Für das Marillenkompott Wasser und Zucker aufkochen. Die halbierten und entsteinten Marillen dazugeben, kurz aufkochen. Auskühlen lassen.

Für die Himbeer- bzw. Marillencoulis die jeweiligen Früchte mit dem Zucker pürieren und durch ein Haarsieb streichen.

Anrichten: Ein Krapfenblatt mit etwas Schokoladenmousse bestreichen und mit der bestrichenen Seite nach unten in die Mitte des Tellers setzen. Noch einmal mit etwas Mousse bestreichen und die gut abgetropften und geviertelten Marillen darauflegen. Diesen Vorgang noch zweimal wiederholen. Mit Himbeer- und Marillencoulis, Himbeeren, Schwarzbeeren, Minze und Staubzucker garnieren.

Weintipp: „Anthos", Erste & Neue Kellerei Kaltern

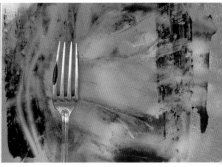

Gelierte Holler-Sekt-Suppe mit Waldbeeren und Sauerrahmeis

FÜR DIE HOLLER-SEKT-SUPPE:
350 g Sekt
250 g Moscato
100 g Hollersirup (siehe Tipp)
3½ Blatt Gelatine

ZUTATEN FÜR DAS
SAUERRAHMEIS:
500 g Sauerrahm
100 g Staubzucker
15 g Milchpulver (Apotheke)
50 g Zitronensaft

ZUM ANRICHTEN:
280 g gemischte Waldbeeren
Staubzucker
Minze
4 Hippen (siehe S. 78)

Zubereitung: Die Gelatine in kaltem Wasser einweichen, Sekt, Moscato und Hollersirup vermischen, davon 100 g abnehmen und erwärmen. Die gut ausgedrückte Gelatine darin auflösen und in die Sekt-Holler-Mischung rühren. 24 Stunden zugedeckt im Kühlschrank stehen lassen. Für das Sauerrahmeis alle Zutaten verrühren und in der Eismaschine gefrieren lassen.

Anrichten: Zur gelierten Sekt-Holler-Suppe einen Schuss Sekt geben und gut mit einem Schneebesen durchrühren. Die gewaschenen Waldbeeren auf Tassen verteilen und mit dem Süppchen begießen. Eine Nocke Sauerrahmeis auf der Hippe anlegen und mit Minze und Staubzucker garnieren.

Tipp: Für den Hollersirup (reicht für ca. 4 l): 3 kg Zucker, 2 l Wasser, 50 g Zitronensäure, 4 Zitronen, 60 Hollerblüten. Die Zitronen kurz in heißem Wasser blanchieren und mit einem Küchentuch abtrocknen, halbieren. Zucker und Wasser aufkochen, Zitronensäure dazugeben und gut auskühlen lassen. Die Hollerblüten von den Stielen befreien und zusammen mit den Zitronenhälften in das Zuckerwasser geben, gut umrühren und zugedeckt im Kühlschrank bei 7 °C 5 Tage stehen lassen. Dann durch ein feines Sieb (mit einem Küchentuch ausgelegt) abseihen. In Flaschen füllen und im dunklen Keller bei konstanter Temperatur lagern.

Weintipp: Gewürztraminer Spätlese „Falkenstein", Franz Pratzner, Naturns

Beeren

Dass Beeren nicht nur gut schmecken, sondern auch gesund sind, war schon früher bekannt; mancher Bauerndoktor verordnete sie gar als Heilmittel. Auf den Bauernhöfen wurden die Kinder in den Wald geschickt, um Johannisbeeren, Erdbeeren, Himbeeren, Hagebutten und andere Waldfrüchte zu sammeln.

Herbst

Sämtliche Rezepte sind – wo nicht anders angegeben – für 4 Personen berechnet.

Saibling auf dreierlei Rohnen mit Krenmousse

400 g Saiblingfilet, mit Haut
1 mittelgroße rote Rohne
  (Rote Bete)
1 mittelgroße gelbe Rohne
  (Gelbe Bete)
1 mittelgroße weiße Rohne
  (Weiße Bete)
Salz, Pfeffer
Olivenöl
Marinade (siehe Tipp)

FÜR DIE KRENMOUSSE:
50 g Kren (Glas)
50 g Sahne, geschlagen
150 g Sauerrahm
100 g Naturjoghurt
2 Blatt Gelatine
Salz, Pfeffer

ZUM ANRICHTEN:
gemischter Salat
4 EL Salatvinaigrette (siehe S. 180)
Petersilienöl (siehe S. 62)
1 Prise getrocknete Tomatenschale (siehe S. 138)

Zubereitung: Die ungeschälten Rohnen nach Farben getrennt in Salzwasser ca. 2–3 Stunden weich kochen, schälen und in Stäbchen schneiden. Die Stäbchen getrennt marinieren und im Kühlschrank aufbewahren. Die Gelatine in kaltem Wasser einweichen. Naturjoghurt, Sauerrahm und Kren gut vermengen, 3 Esslöffel davon im Wasserbad erwärmen. Die ausgedrückte Gelatine darin auflösen und unter die Krenmasse rühren, mit Salz und Pfeffer abschmecken. Die geschlagene Sahne vorsichtig unterheben und im Kühlschrank 3 Stunden ruhen lassen. Das Saiblingfilet in 12 gleich große Stücke schneiden, mit Salz und Pfeffer würzen und auf der Hautseite in Olivenöl bei mittlerer Hitze 3–5 Minuten anbraten, anschließend auf der Fleischseite noch einmal ca. 1 Minute braten.

Anrichten: Die verschiedenen Rohnenstreifen auf dem Teller gruppieren und jeweils ein Stück vom Saibling darauf anrichten. Mit etwas Salat, Petersilienöl und einer Nocke Krenmousse garnieren und mit Vinaigrette beträufeln. Mit getrockneter Tomatenschale bestreuen.

Tipps: Für die Marinade (reicht für 1 kg Rohnen) 1 l Gemüsefond mit 100 g Weißweinessig, 2 Lorbeerblättern, 3 Knoblauchzehen, 1 Thymianzweig und 1 Rosmarinzweig aufkochen, dann 30 g Olivenöl, Salz und Pfeffer dazugeben.

Anstelle von Weißer bzw. Gelber Bete kann man auch nur Rote Bete verwenden. Die marinierten Rohnen halten sich im Kühlschrank ungefähr 1 Woche. Sollen sie länger konserviert werden, müssen sie eingeweckt werden.

Weintipp: Riesling „Castel Juval", Martin Aurich – Weingut Unterortl, Kastelbell

Salat vom lauwarmen Nudelblatt und Artischocken

120 g Nudelteig (siehe S. 183)
300 g Ziegenfrischkäse
40 g geschmorte Zwiebeln (siehe S. 182)
10 g Petersilie, fein gehackt
10 Artischocken
8 EL Salatvinaigrette (siehe S. 180)
Salz, Pfeffer
Olivenöl
Zitronensaft

ZUM ANRICHTEN:
60 g Frisée
40 g Feldsalat
30 g Rucola
40 g Parmesan, Späne

Zubereitung: Den Ziegenfrischkäse mit Salz und Pfeffer würzen, die geschmorten Zwiebeln und die gehackte Petersilie unterrühren.
Die Artischocken putzen, acht davon vierteln und in Olivenöl bei mittlerer Hitze ca. 7 Minuten anbraten, salzen und pfeffern. Die restlichen zwei Artischocken mit der Aufschnittmaschine in hauchdünne Scheiben schneiden und mit etwas Zitronensaft marinieren, salzen und pfeffern. Den Nudelteig dünn ausrollen und in 4 20 cm breite und 18 cm lange Streifen schneiden. In Salzwasser ca. 3 Minuten kochen lassen.
Anrichten: Die Salate waschen, nach Belieben zerpflücken und auf Teller verteilen, den Ziegenfrischkäse und die gebratenen Artischocken darauf anrichten. Das Nudelblatt darauflegen. Mit Parmesan und marinierten Artischockenscheiben garnieren. Zum Schluss mit Vinaigrette beträufeln.

Weintipp: Chardonnay „Cardellino", Elena Walch, Tramin

Kartoffel-Pfifferlings-Tatar

280 g Kartoffeln, in feine Würfel
  geschnitten
480 g Pfifferlinge
1 EL Knoblauchöl (siehe S. 180)
40 g Zwiebeln, fein gehackt
1 kleine Knoblauchzehe, fein
  gehackt
Salz
Petersilie, fein gehackt
Olivenöl

ZUM ANRICHTEN:
gemischter Salat (z. B. Feldsalat,
  Rucola, Endivie, Frisée)
Salatvinaigrette (siehe S. 180)

Zubereitung: Zwiebeln und Knoblauch in Olivenöl leicht andünsten, die Kartoffelwürfel dazugeben und ungefähr 10 Minuten anschwitzen. Einen Teil der Pfifferlinge (280 g) in feine Würfel schneiden, dazugeben und weiter 5 Minuten dünsten lassen. Mit Salz und Petersilie abschmecken. Die restlichen Pfifferlinge kurz in Oliven- und Knoblauchöl schwenken und salzen.

Anrichten: Das Kartoffel-Pfifferlings-Tatar mithilfe eines Metallrings auf dem Teller anrichten. Mit Salatblättern und sautierten Pfifferlingen garnieren. Mit Salatvinaigrette beträufeln.

Weintipp: Weißburgunder „Plattenriegl", Kellerei Girlan

Gebratenes Kalbsbries auf Kartoffelschaum mit Steinpilz-Vinaigrette

FÜR DEN KARTOFFELSCHAUM:
700 g Kartoffeln, mehlig kochend
50 g Butter
80 g Milch
Salz, Pfeffer

FÜR DAS KALBSBRIES:
400 g Kalbsbries, gekocht
140 g Steinpilze
80 g Olivenöl
Saft von ½ Zitrone
Knoblauchöl (siehe S. 180)
Olivenöl
Butter
Salz, Pfeffer
Petersilie, fein gehackt

ZUM ANRICHTEN:
rohe Steinpilzscheiben
Frisée
Feldsalat

Zubereitung: Die Kartoffeln mit Schale weich kochen, noch heiß pellen und durch die Kartoffelpresse drücken. Mit Butter, lauwarmer Milch, Salz und Pfeffer schaumig rühren, warm stellen.

Das Kalbsbries in Olivenöl und Butter ca. 5 Minuten bei mittlerer Hitze anbraten, salzen und pfeffern, warm stellen.

Für die Steinpilz-Vinaigrette die Steinpilze in Würfel schneiden. Die Hälfte kurz in Olivenöl und etwas Knoblauchöl anbraten, mit Salz und Pfeffer abschmecken. Zitronensaft, 80 g Olivenöl, Salz und Pfeffer zu einer Vinaigrette verrühren. Die gehackte Petersilie, die rohen und die angebratenen Steinpilzwürfel unterrühren.

Anrichten: Den Kartoffelschaum als Streifen in der Tellermitte platzieren. Das Kalbsbries daraufsetzen und mit der Steinpilz-Vinaigrette beträufeln. Mit Steinpilzscheiben und Salat garnieren.

Weintipp: Weiß „Sonnrain", Hof Gandberg, Rudolf Niedermayr, Eppan

Kalbskopfsuppe mit Sellerieravioli

FÜR DIE SUPPE:
300 g Kalbskopf (siehe S. 50)
1 l Gemüsefond (siehe S. 180)
60 g Karotten
60 g Zucchini
60 g Knollensellerie
60 g Lauch
etwas Knoblauchöl (siehe S. 180)
gehackte Kräuter (Petersilie,
  Basilikum, Thymian)
Salz, Pfeffer
Olivenöl
12 geschmorte Tomaten
  (siehe S. 182)

FÜR DIE RAVIOLI:
100 g Nudelteig (siehe S. 183)
80 g Selleriepüree (siehe S. 183)

Zubereitung: Das Gemüse in Streifen schneiden und in Olivenöl andünsten, mit Gemüsefond aufgießen und ungefähr 5 Minuten kochen lassen. Den Kalbskopf in dünne Scheiben schneiden und dazugeben. Mit Knoblauchöl, geschmorten Tomaten, den gehackten Kräutern, Salz und Pfeffer abschmecken.
Für die Ravioli den Nudelteig dünn ausrollen und nach Belieben ausstechen, einen Klecks Selleriepüree daraufsetzen und zu Ravioli formen. In Salzwasser ca. 5 Minuten kochen lassen.
Anrichten: Die Suppe in einen tiefen Teller gießen und mit den Sellerieravioli garnieren.

Weintipp: Vernatsch „Griesbauer", Georg Mumelter, Bozen

Kürbiscappuccino mit Gorgonzolacreme

FÜR DEN KÜRBISCAPPUCCINO:
600 g Kürbis
900 g Gemüsefond (siehe S. 180)
80 g Zwiebeln, fein gehackt
150 g Sahne
80 g Butter
Salz, Pfeffer
Olivenöl

FÜR DIE GORGONZOLACREME:
50 g Gorgonzola
200 g Sahne

ZUM ANRICHTEN:
4 Amarettokekse
Olivenöl

Zubereitung: Den geschälten Kürbis in kleine Stücke schneiden. Die Zwiebeln in Olivenöl anschwitzen, den Kürbis dazugeben und ebenfalls etwas andünsten lassen. Mit Gemüsefond und Sahne aufgießen und ca. 30 Minuten kochen. Zusammen mit der kalten Butter, Salz und Pfeffer im Mixer pürieren, warm stellen.
Die Sahne steif schlagen. Den Gorgonzola durch ein Haarsieb streichen und die Sahne unterheben, kalt stellen.

Anrichten: Die Kürbissuppe in Tassen geben, etwas Gorgonzolacreme in die Mitte setzen und mit den zerbröselten Amarettokeksen und Olivenöl garnieren.

Weintipp: Gewürztraminer „Kolbenhofer", J. Hofstätter, Tramin

Gebackene Almkäsepraline mit Pfifferlingen

FÜR DIE ALMKÄSEPRALINE
(20 STÜCK À 30 G):
100 g Sahne
100 g Milch
250 g gereifter Almkäse
(z. B. Vinschger)
2 Blatt Gelatine
125 g Sahne, geschlagen
300 g Parmesan, gerieben
etwas Mehl
1 Ei
Öl zum Frittieren

FÜR DIE PFIFFERLINGE:
250 g Pfifferlinge
1 EL geschmorte Zwiebeln
(siehe S. 182)
Salz
Olivenöl
etwas Petersilie, fein gehackt
1 TL Knoblauchöl (siehe S. 180)

Zubereitung: Die Gelatine in kaltem Wasser einweichen und den Almkäse fein reiben oder raspeln. Milch und Sahne aufkochen und zusammen mit der ausgedrückten Gelatine in den Mixer gießen. Nach und nach den Almkäse dazugeben und so lange mixen, bis eine cremige Masse entsteht, kalt stellen. Wenn die Masse ausgekühlt ist, die geschlagene Sahne mit den Händen einarbeiten. Erneut kalt stellen. Von der kalten Masse Kugeln formen (à 30 g) und in Mehl, Ei und geriebenem Parmesan wälzen, das Panieren noch zweimal wiederholen, 10 Minuten im Kühlschrank ruhen lassen. Dann die Pralinen im heißen Öl (ca. 160 °C) 4–5 Minuten ausbacken.
Für die Beilage die Pfifferlinge ca. 5 Minuten in Olivenöl schwenken, mit Salz, geschmorten Zwiebeln, Knoblauchöl und etwas gehackter Petersilie abschmecken.
Anrichten: Die Pfifferlinge auf einen tiefen Teller geben und die Almkäsepraline darauf anrichten.
Tipp: Damit die Käsepraline beim Frittieren nicht am Boden anklebt, rühren Sie das Öl mit einem Kochlöffel etwas um.

Weintipp: St. Magdalener „Untermoserhof", Georg Ramoser, St. Magdalena/Bozen

Dreierlei Kürbislasagne

FÜR DIE KÜRBISLASAGNE:
500 g Nudelteig (siehe S. 183)
500 g Kürbis
50 g Mascarpone
Salz, Pfeffer

FÜR DIE GORGONZOLASAUCE:
200 g Sahne
80 g Gorgonzola
80 g Zwiebeln
10 g Butter
Salz, Pfeffer

FÜR DIE AMARETTOBUTTER:
50 g Amarettokekse
100 g Butter

FÜR DIE ALMKÄSEVARIANTE:
80 g gereifter Almkäse (z. B. Vinschger), grob gerieben

Zubereitung: Den geschälten, geputzten Kürbis in mittelgroße Würfel schneiden und in Salzwasser weich kochen. Abgießen und im Ofen bei 130 °C ungefähr 30 Minuten ausdämpfen lassen. Zusammen mit Mascarpone, Salz und Pfeffer fein pürieren, kalt stellen. Den Nudelteig dünn ausrollen und daraus 24 Blätter (16 x 5 cm) schneiden. Auf 12 Blätter etwas Kürbismasse geben und die Ränder mit Wasser bepinseln. Die restlichen 12 Blätter darauflegen und die Ränder gut andrücken. In Salzwasser ca. 5 Minuten kochen.
Für die Gorgonzolasauce Zwiebeln fein hacken und in Butter anschwitzen. Mit Sahne aufgießen und auf die Hälfte einkochen lassen. Den Gorgonzola dazugeben, mit Salz und Pfeffer abschmecken und pürieren. Durch ein Haarsieb streichen und warm stellen.
Für die Amarettobutter die Butter schmelzen lassen und die zerbröselten Amarettokekse dazugeben, warm stellen.

Anrichten: Drei Nudelblätter nebeneinander auf einem Teller anrichten. Die erste Lasagne mit Gorgonzolasauce beträufeln, auf die zweite Amarettobutter geben und die dritte mit Almkäse bestreuen.

Weintipp: Gewürztraminer „Nussbaumer", Kellerei Tramin

Kartoffelgnocchi mit frischen Pfifferlingen

860 g Kartoffeln, mehlig kochend
80 g Butter
160 g Mehl
2 Eigelb
40 g Kartoffelmehl
400 g Pfifferlinge
100 g Buttersauce (siehe S. 180)
20 g Petersilie, gehackt
1 Knoblauchzehe, fein gehackt
Salz, Pfeffer
Olivenöl

ZUM ANRICHTEN:
80 g Parmesanspäne

Zubereitung: Die Kartoffeln mit Schale in Salzwasser weich kochen. Heiß pellen, durch ein Haarsieb streichen und etwas auskühlen lassen. Butter (Zimmertemperatur) und Eigelb dazugeben und mit der Hand zu einer geschmeidigen Masse verarbeiten. Weizen- und Kartoffelmehl sowie Salz und Pfeffer vorsichtig unterheben. Den Teig im Kühlschrank 1 Stunde ruhen lassen.
Die Pfifferlinge putzen und eventuell klein schneiden. Die gehackte Knoblauchzehe in Olivenöl anschwitzen, die Pfifferlinge dazugeben und ca. 5 Minuten dünsten. Mit Buttersauce aufgießen und mit Salz und Petersilie abschmecken.
Den Kartoffelteig ca. 1 cm dick ausrollen, in 2 cm lange Stücke schneiden und mit der Gabel Gnocchi formen. In Salzwasser ca. 3 Minuten kochen. Abseihen und vorsichtig in der Pfifferlingssauce schwenken.

Anrichten: Die Gnocchi auf Teller verteilen und mit den Parmesanspänen garnieren.

Weintipp: Grauer Burgunder „Klausner", Armin Kobler, Margreid

Zandergröstl mit Kräuterartischocken

600 g Zanderfilet, mit Haut
8 Artischocken
5 Kipfler Kartoffeln
50 g geschmorte Zwiebeln (siehe
S. 182)
10 g Petersilie und Tymian, fein
gehackt
Salz, Pfeffer
Olivenöl

ZUM ANRICHTEN:
1 Prise getrocknete Tomaten-
schale (siehe S. 138)

Zubereitung: Den Zander in gleich große Stücke schneiden (pro Person fünf), mit Salz und Pfeffer würzen. In Olivenöl auf beiden Seiten bei mittlerer Hitze ungefähr 5 Minuten anbraten (zuerst auf der Hautseite!). Die Kipfler Kartoffeln waschen und mit der Schale in dünne Scheiben schneiden, ca. 10 Minuten in lauwarmes Wasser legen. In Olivenöl gold-gelb ausbacken. Die Artischocken putzen und in Spalten schneiden. In Olivenöl ca. 5 Minuten anbraten, salzen und pfeffern, das Öl weggeben. Mit den geschmorten Zwiebeln, Thymian und Petersilie abschmecken.
Anrichten: Die Kartoffelscheiben und die Zanderstücke zu gleichen Teilen auf Teller verteilen, mit Artischocken garnieren und mit etwas Olivenöl beträufeln. Mit getrockneter Tomatenschale bestreuen.
Tipp: Wenn Sie keine Kipfler Kartoffeln bekommen, können Sie auch andere kleine festkochende Kartoffeln nehmen.

Weintipp: „Manna", Franz Haas, Montan

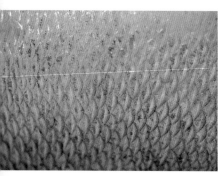

Lammbeuschel mit Kartoffelknödel

FÜR DAS LAMMBEUSCHEL:
1 kg Lammlunge
300 g Lammherz
Wurzelgemüse (Lauch, Sellerie,
    Zwiebel, Karotte)
50 g Karotten
50 g Zwiebeln
50 g Sellerieknolle
50 g Zucchini
3 EL Knoblauchöl (siehe S. 180)
5 Lorbeerblätter
10 Basilikumblätter, in Streifen
10 Petersilienblätter, in Streifen
5 Thymianzweige
1 l Lammfond (siehe S. 180)
1 EL Tomatenmark
½ l Gemüsefond (siehe S. 180)
Salz, Pfeffer
Olivenöl

FÜR DIE KARTOFFELKNÖDEL:
580 g Kartoffeln, mehlig kochend
100 g Weizenmehl
25 g Kartoffelmehl
2 Eigelb
1 Eiweiß

ZUM ANRICHTEN:
zerlassene Butter
Petersilie, fein gehackt
Basilikum, fein geschnitten

Zubereitung: Lunge und Herz zusammen mit dem Wurzelgemüse ungefähr 1 Stunde in Salzwasser kochen, darin auskühlen lassen und anschließend in feine Streifen schneiden. Das Gemüse ebenfalls in feine Streifen schneiden und in Knoblauchöl ansautieren. Lorbeerblätter, Basilikum und Petersilie zusammen mit den abgezupften Thymianblättchen zum Gemüse geben. Tomatenmark unterrühren und 5 Minuten anrösten. Lunge und Herz dazugeben. Gut verrühren und mit Lamm- und Gemüsefond aufgießen. Ungefähr 30 Minuten kochen lassen, immer wieder abschäumen.

Die Kartoffeln mit der Schale in Salzwasser weich kochen, noch heiß schälen und durch ein feines Sieb passieren. Auskühlen lassen. Erst mit Eigelb, dann mit Weizen- und Kartoffelmehl verrühren. Das Eiweiß steif schlagen und vorsichtig unterheben. Die Masse 1 Stunde kalt stellen. Kleine Knödel formen und ca. 10 Minuten in Salzwasser kochen.

Anrichten: Das Lammbeuschel in einen tiefen Teller geben, einen Kartoffelknödel daraufsetzen. Mit zerlassener Butter beträufeln und mit Basilikum und Petersilie bestreuen.

Weintipp: Kalterer See Auslese „Puntay", Erste & Neue Kellerei Kaltern

Wurzelgemüse

Was der Bauern nicht kennt, isst er nicht! Die Skepsis gegenüber der Kartoffel war zuerst groß. In Tirol wurden viel mehr Kraut, Rüben und Getreide gegessen. In den Bauerngärten wuchs auch Wurzelgemüse, darunter Monatsrettiche, Kren, Karotten, Pastinaken, Sellerie und Rohnen.

Schafzucht der Familie Reichsigl-Heiss am Planklhof in Muls/Sarntal;
Metzgermeister Franz Windegger aus Eppan begutachtet die Tiere.

Josef Taschler mit seinen Gsieser Ochsen am Lumpenhof in St. Magdalena/Gsies

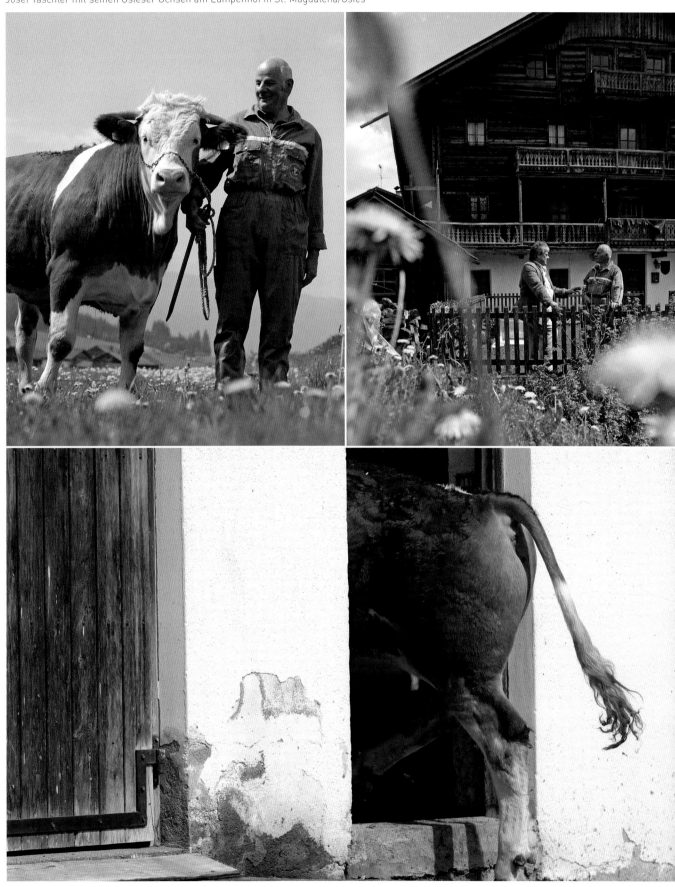

Gebratene Kalbshaxe mit Ratatouille und Selleriepüree

FÜR DIE KALBSHAXE:

1 Kalbshaxe (hintere Haxe), ausgelöst
1 Karotte
1 mittelgroße Zwiebel
5 Knoblauchzehen
1 Rosmarinzweig
3 Thymianzweige
20 Basilikumblätter
5 Majoranzweige
1 Stängel Liebstöckel
5 Lorbeerblätter
1 Stange Staudensellerie
2 l Gemüsefond (siehe S. 180)
Salz, Pfeffer
Olivenöl

FÜR DAS RATATOUILLE:

100 g Zucchini
100 g Tomaten, geschält
100 g Melanzane
100 g Paprika, geschält
1 TL Knoblauchöl (siehe S. 180)
1 EL Kräuter (Thymian, Basilikum, Petersilie), fein gehackt
Salz, Pfeffer
Olivenöl

ZUM ANRICHTEN:

Selleriepüree (siehe S. 183)

Zubereitung: Bei der ausgelösten Kalbshaxe die größere von der kleineren Wade trennen, salzen und pfeffern. Auf beiden Seiten in Olivenöl anbraten. Karotte, Zwiebel, Knoblauch und Selleriestange klein schneiden, in einen Bräter geben und die Kalbshaxe darauflegen. Im vorgeheizten Backofen bei 160 °C ungefähr 30 Minuten braten. Die Kräuter dazugeben und Gemüsefond angießen. Bei 120 °C 3 Stunden garen, das Fleisch gelegentlich mit dem Saft übergießen. Die Kalbshaxe aus der Sauce nehmen und warm stellen. Die Sauce durch ein feines Sieb gießen (bei Bedarf das Fett abschöpfen) und bis zur gewünschten Konsistenz einkochen.

Für das Ratatouille das Gemüse in kleine Würfel schneiden und in Olivenöl ungefähr 10 Minuten bei mittlerer Hitze schmoren lassen. Mit Salz, Pfeffer, Knoblauchöl und gehackten Kräutern abschmecken.

Anrichten: Das Ratatouille mithilfe eines Metallrings in der Mitte des Tellers platzieren. Die Kalbshaxe in Scheiben schneiden und auf das Gemüse setzen. Mit Sauce und Selleriepüree garnieren.

Tipp: Lassen Sie sich die Haxe beim Metzger auslösen.

Weintipp: Blauburgunder „Matan", Ansitz Pfitscher, Montan

Hirschrücken auf angebratenem Chicorée und Apfel-Rosmarin-Püree

600 g Hirschrücken, pariert
4 Lorbeerblätter
5 Wacholderbeeren
1 Knoblauchzehe
½ l Wildfond (siehe S. 180)
2 EL Rotweinreduktion (siehe Tipp)
12 Chicoréeblätter
Salz, Pfeffer
Olivenöl

FÜR DAS APFEL-
ROSMARIN-PÜREE:
4 Äpfel (Golden Delicious),
  geschält und in Spalten
  geschnitten
100 g Zucker
8 g Rosmarinnadeln
1 TL Rosmarinnadeln, fein
  geschnitten
250 g Weißwein

Zubereitung: Den Hirschrücken salzen und pfeffern, in Olivenöl auf allen Seiten kräftig anbraten, und zwar zusammen mit Lorbeerblättern, Wacholderbeeren und der zerkleinerten Knoblauchzehe.
Bei 80 °C ungefähr 10–15 Minuten ruhen lassen, je nach Größe des Fleischstücks. Den Wildfond um die Hälfte einreduzieren. Die Rotweinreduktion einrühren und noch einmal richtig aufkochen lassen.
Die Chicoréeblätter mit Salz und Pfeffer würzen und in Olivenöl bei mäßiger Hitze andünsten.
Für das Apfel-Rosmarin-Püree die Rosmarinnadeln in einen Teebeutel füllen. Den Zucker leicht karamellisieren lassen und mit Weißwein ablöschen. Die geschälten und in Spalten geschnittenen Äpfel und den Teebeutel mit den Rosmarinnadeln dazugeben. Mit Backpapier abdecken und 10 Minuten kochen lassen. Das Rosmarinsäckchen entfernen und die Äpfel in einem mit einem Küchentuch ausgelegten Sieb gut abtropfen lassen. Im Mixer pürieren. Die fein geschnittenen Rosmarinnadeln unterrühren. Warm stellen.

Anrichten: Das in Scheiben geschnittene Fleisch auf den sternförmig angerichteten Chicorée legen, die Sauce dazugeben und mit Apfel-Rosmarin-Püree garnieren.

Tipp: Für die Rotweinreduktion lässt man 1 l Rotwein mit 3 EL Zucker so lange einkochen, bis er eine sirupartige Konsistenz hat.

Weintipp: Cabernet „Lafoa", Kellerei Schreckbichl, Girlan

Wein

Für die einen ist er eine schöne Nebensache, für die anderen der Inbegriff von Genuss. Lust auf Wein kannten bereits unsere Vorfahren: Wein war nicht nur ein Getränk, sondern auch ein Kräftigungs- und Stärkungsmittel. Bis ins 19. Jahrhundert kamen die Wirte aus den entlegenen Tälern in die Weingegenden, um direkt bei den Bauern den Wein zu kaufen.

Grießknödel mit Birnen-Holler-Kompott

FÜR DIE GRIESSKNÖDEL:
250 g Milch
60 g Butter
20 g Zucker
¼ Vanilleschote
60 g Grieß
2 Eier
**etwas Zitronen- und Orangen-
schale (unbehandelt)**

**FÜR DAS BIRNEN-
HOLLER-KOMPOTT:**
**4 Birnen, geschält und in Spalten
geschnitten**
250 g Hollerbeeren, entstielt
1 Zimtstange
50 g Zucker
60 g Rotwein
**etwas Zitronenschale
(unbehandelt)**

ZUM ANRICHTEN:
Minze
Staubzucker

Zubereitung: Milch, Butter, Zucker und Vanilleschote aufkochen, den Grieß dazugeben und solange kochen, bis er sich vom Topfboden löst. Von der Feuerstelle nehmen und etwas auskühlen lassen. Geriebene Zitronen- und Orangenschale sowie die Eier dazugeben und gut verrühren, kalt stellen. Aus der Masse Knödel formen und 10 Minuten in leicht gesalzenem und gezuckertem Wasser kochen lassen.

Für das Birnen-Holler-Kompott die Birnenspalten zusammen mit einer halben Zimtstange in 500 g Zuckerwasser (Verhältnis 1:1) weich kochen und warm stellen.

Den Zucker leicht karamellisieren und mit dem Rotwein ablöschen, eine halbe Zimtstange, Zitronenschale und Hollerbeeren dazugeben und ca. 10–15 Minuten kochen lassen, Zitronenschale und Zimtstange entfernen. Wenn das Hollerkompott zu flüssig ist, mit etwas Kartoffelmehl abbinden.

Anrichten: Die Birnenspalten auf dem Teller verteilen, mit den Hollerbeeren garnieren. Die Grießknödel darauflegen. Mit Staubzucker und Minze dekorieren.

Weintipp: Passito „Dorado", Ansitz Kränzel, Franz Graf Pfeil, Tscherms

Holunder

Dem „Holler" wurden früher wahre Wunderkräfte nachgesagt. In Tirol wurden Holundersträucher bevorzugt in der Nähe von Hofstellen angepflanzt. Sie sollten Haus und Hof vor Blitzschlag, bösen Geistern und Hexen schützen.

Kalter Cappuccino mit Kakaosorbet

FÜR DEN CAPPUCCINO:
400 g Sahne
Mark von 1 Vanilleschote
60 g Zucker
5 Eigelb
1 doppelter Espresso

FÜR DAS KAKAOSORBET:
250 g Wasser
25 g Kakaopulver, ungesüßt
100 g Schokolade
  (70 % Kakao)
60 g Zucker

ZUM ANRICHTEN:
Schokolade, geschmolzen
gezogene Karamellfäden
  (siehe Tipp)

Zubereitung: Sahne aufkochen. Zucker, Vanillemark und Eigelb verrühren. Die heiße Milch-Sahne-Mischung dazugeben und auf dem Wasserbad zur Rose abziehen. Kalt stellen. Anschließend den Espresso unterrühren.
Für das Sorbet Wasser, Zucker und Kakaopulver aufkochen. Die zerkleinerte Schokolade dazugeben, alles verrühren und in der Eismaschine gefrieren lassen.

Anrichten: Den Cappuccino in einen tiefen Teller geben, das Sorbet in der Mitte platzieren. Mit geschmolzener Schokolade und Karamellfäden garnieren.

Tipp: Für die Karamellfäden lassen Sie Zucker in einem schweren Topf karamellisieren. Tauchen Sie eine Gabel in den Karamell und führen Sie sie mit schnellen Bewegungen über einem eingeölten Butterbrotpapier hin und her, sodass dünne Fäden entstehen. Oder Sie nehmen einen runden Metallstab und formen eine Spirale.

Weintipp: Rosenmuskateller, K. Martini & Sohn, Girlan

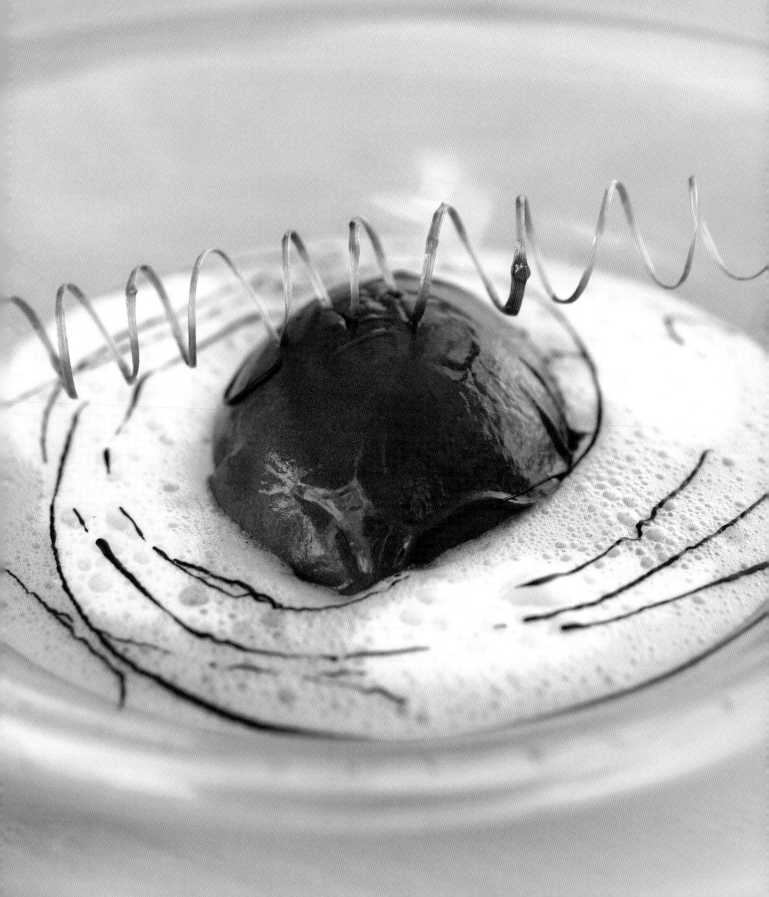

Zwetschgenknödel mal verkehrt (à la Hintner)

FÜR DIE KNÖDEL:
580 g Kartoffeln, mehlig kochend
100 g Weizenmehl
25 g Kartoffelmehl
2 Eigelb
1 Eiweiß
100 g Weißbrotbrösel
30 g Zucker
1 TL Zimt, gemahlen

FÜR DAS ZWETSCHGENRAGOUT:
18 große Zwetschgen
80 g Wasser
80 g Zucker
20 g Butter

ZUM ANRICHTEN:
Staubzucker
Minze
40 blaue Weintrauben, entstielt

Zubereitung: Für das Zwetschgenragout die Zwetschgen entsteinen und mit etwas Butter und Zucker andünsten. Wasser dazugeben und noch weitere 4–5 Minuten dünsten (je nach Reifegrad).

Für die Knödel die Kartoffeln mit der Schale in Salzwasser weich kochen, noch heiß schälen und durch ein feines Sieb passieren. Auskühlen lassen, erst mit Eigelb verrühren, dann mit Mehl und Kartoffelmehl. Das Eiweiß steif schlagen und vorsichtig unterheben. Die Kartoffelmasse 1 Stunde kalt stellen. Kleine Knödel formen und in Salzwasser ungefähr 10 Minuten kochen lassen. Die Brösel mit Zucker und Zimt vermischen und die gekochten Knödel darin wälzen.

Anrichten: Jeweils 9 Zwetschgenhälften mit der Schale nach unten auf einem Teller anrichten und mit dem Saft beträufeln. Drei Knödel daraufsetzen und mit etwas Staubzucker bestreuen. Mit Minze und den Trauben garnieren, die Trauben dazu vorher mit etwas Butter und Zucker andünsten.

Weintipp: Passito St. Valentin „Comtess", Kellerei St. Michael/Eppan

Schokoravioli mit Bratapfelfüllung auf Quittencarpaccio

FÜR DEN NUDELTEIG:
250 g Mehl
100 g Kakaopulver
30 g Staubzucker
4 Eier
1–2 EL Wasser
Mark von ½ Vanilleschote

FÜR DIE FÜLLUNG:
2 Äpfel
3 EL Zucker
10 g Butter
5 Korinthen, fein geschnitten

FÜR DAS QUITTENCARPACCIO:
2 Quitten
200 g Zuckerwasser
 (Verhältnis 1:1)

ZUM ANRICHTEN:
Minze
Staubzucker

Zubereitung: Mehl, Kakaopulver und Staubzucker vermengen. Das Vanillemark mit den Eiern und dem Wasser dazugeben. Alles zu einem geschmeidigen Teig verkneten, 1 Stunde ruhen lassen.

Die Äpfel für die Füllung schälen und in kleine Würfel schneiden. Ungefähr 10 Minuten mit dem Zucker marinieren. Anschließend zusammen mit den Korinthen in der zerlassenen Butter ca. 5 Minuten dünsten. In einem Sieb abtropfen und auskühlen lassen.

Aus dem Teig 40 Kreise (ca. 6 cm Ø) ausstechen, auf die Hälfte die Bratapfelfüllung geben. Die Teigränder mit Wasser bestreichen und die restlichen Teigkreise daraufsetzen und Ravioli formen. In Salzwasser ca. 5 Minuten kochen lassen.

Die geschälten Quitten in dünne Scheiben schneiden. Auf ein Backblech legen und mit dem Zuckerwasser begießen. Im Backofen bei starker Oberhitze ca. 10–15 Minuten garen.

Anrichten: Die Quittenscheiben auf den Tellern verteilen und mit den Schokoravioli belegen. Mit Staubzucker und in Streifen geschnittener Minze garnieren.

Weintipp: „Aureus", Josef Niedermayr, Girlan

Mit Kastanienmousse gefüllte Hippe auf Quittenragout

FÜR DIE KASTANIENMOUSSE:
170 g Kastanien, gekocht
125 g weiße Schokolade
200 g Sahne
1 Eigelb
1 Ei

FÜR DAS QUITTENRAGOUT:
2 mittelgroße Quitten
150 g Zucker
300 g Wasser

FÜR DIE HIPPEN:
300 g Zucker
110 g Mandeln, gemahlen
110 g Mehl
110 g Butter
3 unbehandelte Orangen

ZUM ANRICHTEN:
Minze
Staubzucker

Zubereitung: Die Quitten mit einem feuchten Küchentuch abreiben, schälen und entkernen. In mittelgroße Würfel schneiden. Zucker und Wasser aufkochen, die Quittenwürfel dazugeben und 7–10 Minuten kochen lassen. Die Quittenwürfel herausnehmen und den Saft auf die gewünschte Konsistenz einreduzieren. Die Quittenwürfel wieder dazugeben und warm stellen.

Die weiße Schokolade schmelzen. Die gekochten Kastanien durch ein Haarsieb passieren. Eigelb und Ei auf dem Wasserbad schaumig schlagen, die Schokolade und die passierten Kastanien unterrühren.

Die Sahne steif schlagen und vorsichtig unterheben, 1 Stunde kalt stellen. Für die Hippe die Schale der Orangen abreiben. Zwei Orangen auspressen und den Saft durch ein Sieb gießen. Orangenschale, -saft, Zucker, Mandeln und Mehl verrühren. Zum Schluss die flüssige und abgekühlte Butter einrühren. Im Kühlschrank 12 Stunden ruhen lassen. Aus Pappe oder dickerem Kunststoff eine Schablone mit einem Durchmesser von ca. 10 cm ausschneiden. Das Backblech leicht einölen. Die Schablone darauflegen und einen Klecks Teig in die Mitte setzen. Mithilfe einer Teigpalette oder einer breiten Spachtel den Teig so verstreichen, dass die Schablone ausgefüllt ist. Die Schablone vorsichtig abheben. Im vorgeheizten Backofen bei 180 °C backen, bis sich die Hippen leicht färben. Nur kurz abkühlen lassen, da sich die Hippen nicht mehr formen lassen, wenn sie kalt sind! Die Hippen vorsichtig vom Blech lösen und über einem Rundholz zu Hohlhippen formen, auskühlen lassen.

Die Kastanienmousse in einen Spritzsack füllen und in die Hohlhippen spritzen.

Anrichten: Das Quittenragout auf den Teller geben und die Hippe daraufsetzen. Mit Minze und Staubzucker garnieren.

Weintipp: Passito Cuvée „Cashmir", Elena Walch, Tramin

Kloaznnudeln mit pochierter Birne und Blauschimmelkäse

FÜR DEN NUDELTEIG:
50 g Weizenmehl
50 g Kloaznmehl (Mehl aus getrockneten Birnen)
30 g Hartweizenmehl
1 Ei

FÜR DIE POCHIERTEN BIRNEN:
2 Birnen
200 g Wasser
200 g Zucker
½ Zimtstange
½ Vanilleschote
5 Gewürznelken

FÜR DIE CREME VOM BLAUSCHIMMELKÄSE:
120 g Golden Gel
60 g Mascarpone
50 g Sahne, geschlagen

ZUM ANRICHTEN:
Blauschimmelkäse
Kloaznmehl

Zubereitung: Für die Nudeln alle Zutaten zu einem geschmeidigen Teig verkneten, 1 Stunde ruhen lassen.

Inzwischen die Birnen schälen, halbieren und das Kerngehäuse entfernen. Wasser und Zucker aufkochen. Die Birnen zusammen mit der Vanilleschote, der Zimtstange und den Gewürznelken dazugeben und – je nach Reifegrad der Birnen – ungefähr 10 Minuten kochen lassen.

Für die Creme den Blauschimmelkäse durch ein Haarsieb streichen und die Sahne steif schlagen. Den Käse mit der Sahne und dem Mascarpone verrühren, 1 Stunde kalt stellen.

Den Nudelteig zu feinen Bandnudeln verarbeiten, ca. 3 Minuten in Salzwasser kochen und anschließend in etwas Butter und Zucker schwenken.

Anrichten: Auf jeden Teller eine halbe abgetropfte Birne setzen und mit etwas Creme füllen. Die Kloaznnudeln daneben anrichten. Mit einem Stück Blauschimmelkäse garnieren.

Tipps: Sollten Sie keinen Golden Gel bekommen, dann nehmen Sie einen anderen Blauschimmelkäse Ihrer Wahl, z. B. Gorgonzola. Das Kloaznmehl bekommen Sie auf dem Bauernmarkt. Alternativ können Sie auch Kastanienmehl oder „Boxelemehl" (Johannisbrotmehl) verwenden.

Weintipp: Passito „Serenade", Kellerei Kaltern

Winter

Sämtliche Rezepte sind – wo nicht anders angegeben – für 4 Personen berechnet.

Mein Speckbrettl

Weintipp: Vernatsch, Baron Andreas Widmann, Kurtatsch

Kartoffel-Speck-Tatar

100 g Kartoffeln
100 g Südtiroler Bauernspeck
Salz, Pfeffer, Olivenöl
Petersilie, fein gehackt
ZUM ANRICHTEN:
gemischter Salat (z. B. Frisée,
  Feldsalat)
Scheiben vom Südtiroler
  Bauernspeck

Zubereitung: Die Kartoffeln und den Speck in kleine Würfel schneiden. Die Kartoffelwürfel in Olivenöl ca. 10 Minuten anschwitzen. Vom Herd nehmen und die Speckwürfel dazugeben. Mit Salz, Pfeffer und Petersilie abschmecken.
Anrichten: Das Kartoffel-Speck-Tatar mithilfe eines Metallrings auf dem Teller anrichten. Mit Speckscheiben, Salat und etwas Olivenöl garnieren.

Sellerie-Speck-Salat

100 g Sellerieknolle
100 g Südtiroler Bauernspeck
2 EL Salatvinaigrette (siehe S. 180)
Salz, Pfeffer, Olivenöl
ZUM ANRICHTEN:
gemischter Salat (z. B. Frisée,
  Feldsalat)
Schnittlauch, fein geschnitten

Zubereitung: Den Sellerie und den Speck in feine Streifen schneiden. Die Selleriestreifen 5 Minuten in Olivenöl ansautieren. Kalt stellen. Mit den Speckstreifen vermischen und mit Vinaigrette, Salz und Pfeffer abschmecken.
Anrichten: Den Sellerie-Speck-Salat auf dem Teller anrichten und mit den Salaten und dem Schnittlauch garnieren.

Speckcarpaccio mit Steinpilzen

16 Scheiben Südtiroler Bauernspeck
40 g Parmesan, Späne
25 g Steinpilze
ZUM ANRICHTEN:
gemischter Salat (z. B. Frisée,
  Feldsalat)
2 EL Salatvinaigrette (siehe S. 180)
10 g Walnüsse, fein geschnitten

Anrichten: Die Speckscheiben auf Tellern auslegen und die in dünne Scheiben geschnittenen Pilze darübergeben. Mit den Salaten, Walnüssen und Parmesanspänen garnieren und mit Vinaigrette beträufeln.

Speck-Zucchini-Roulade

250 g Südtiroler Bauernspeck
200 g Zucchini
Salz, Pfeffer, Olivenöl
ZUM ANRICHTEN:
Frisée
3 EL Salatvinaigrette (siehe S. 180)

Zubereitung: Den Bauernspeck in dünne, ungefähr 20 cm lange Scheiben schneiden. Die Zucchini der Länge nach in dünne Scheiben schneiden und in Olivenöl auf beiden Seiten leicht anbraten, kalt stellen. Die Speckscheiben leicht überlappend ungefähr 10 cm breit auslegen. Die weiteren Speckscheiben dachziegelartig darauflegen, bis ein Quadrat von 10 x 30 cm entsteht. Mit den erkalteten Zucchinischeiben belegen und aufrollen.
Anrichten: Die Roulade in Scheiben schneiden und auf dem Frisée anrichten. Mit Vinaigrette beträufeln.

Millefoglie vom Selchfleisch mit Kümmelvinaigrette

2 mittelgroße Kartoffeln
200 g Selchfleisch (Karree, ohne
  Knochen)
1 l Gemüsefond (siehe S. 180)
200 g Weißkraut
8 EL Salatvinaigrette (siehe S. 180)
10 g Kümmel
Salz, Pfeffer

ZUM ANRICHTEN:
Feldsalat

Zubereitung: Die Kartoffeln mit der Schale in ca. 2 mm dicke, längliche Scheiben schneiden und ungefähr 5 Minuten in lauwarmes Wasser legen. Im heißen Öl goldbraun frittieren und auf Küchenpapier abtropfen lassen. Das Selchfleisch ungefähr 30 Minuten (je nach Größe) bei mittlerer Hitze im Gemüsefond ziehen lassen, herausnehmen und mit der Aufschnittmaschine in dünne Scheiben schneiden. Das Weißkraut fein hobeln und mit dem gehackten Kümmel, Salz, Pfeffer und der Salatvinaigrette anmachen.
Anrichten: Drei Scheiben Selchfleisch in die Mitte des Tellers legen, darauf etwas Krautsalat setzen und mit frittierten Kartoffeln bedecken. Den Vorgang dreimal wiederholen, wobei immer eine Scheibe Selchfleisch weniger verwendet wird, sodass am Ende ein kleiner Turm entsteht. Mit Feldsalat garnieren und mit der restlichen Vinaigrette beträufeln.

Weintipp: St. Magdalener „Huck am Bach", Kellerei Bozen

Artischockensuppe mit Tomatentortellini

FÜR DIE ARTISCHOCKENSUPPE:
8 mittelgroße Artischocken
140 g Kartoffeln
180 g Perlzwiebeln
1 EL Knoblauchöl (siehe S. 180)
1 l Gemüsefond (siehe S. 180)
Petersilie, Schnittlauch, Thymian,
  alles fein geschnitten
Salz, Pfeffer
Olivenöl

FÜR DIE TOMATENTORTELLINI:
200 g Nudelteig (siehe S. 183)
100 g eingelegte Tomaten

ZUM ANRICHTEN:
40 g Parmesan, Späne

Zubereitung: Von den Artischocken die äußeren Blätter entfernen und die Spitzen abschneiden. Das „Heu" mit einem Löffel entfernen und den Stiel mit einem Messer zuschneiden, in Zitronenwasser legen, damit sie nicht braun werden. Die Artischocken und die Perlzwiebeln in nicht zu dünne Spalten schneiden, die Kartoffeln in Würfel. Alles zusammen in Olivenöl anschwitzen und anschließend mit Gemüsefond aufgießen. Ungefähr 12–15 Minuten köcheln lassen. Mit Knoblauchöl, Petersilie, Schnittlauch, Thymian, Salz und Pfeffer abschmecken.

Für die Tortellini die eingelegten Tomaten fein hacken und ausdrücken (die Flüssigkeit weggeben). Aus dem dünn ausgerollten Nudelteig Quadrate ausschneiden. Mit den Tomaten belegen, die Ränder mit Wasser bestreichen, übereinanderklappen und fest andrücken, Tortellini formen. In Salzwasser ca. 3–4 Minuten kochen.

Anrichten: Die Artischockensuppe in einen tiefen Teller geben, mit den Tortellini garnieren und mit Parmesanspänen bestreuen.

Weintipp: Lagrein Rosé „Unterganzner", Josephus Mayr, Kardaun/Bozen

Kartoffelspaghetti „Carbonara"

1 kg Kartoffeln
40 g geschmorte Zwiebeln (siehe S. 182)
120 g Bauchspeck
300 g Buttersauce (siehe S. 180)
1 EL Knoblauchöl (siehe S. 180)
Petersilie, gehackt
Olivenöl
8 Wachteleier

ZUM ANRICHTEN:
Parmesan

Zubereitung: Die Kartoffeln schälen und auf beiden Seiten die Spitze abschneiden. Mithilfe einer japanischen Gemüsespaghettimaschine (siehe Foto) in lange, dünne Kartoffelfäden schneiden. Den Bauchspeck in Streifen schneiden und in Olivenöl anschwitzen. Mit Knoblauchöl, geschmorten Zwiebeln und Petersilie abschmecken. Die Buttersauce dazugeben. Nicht mehr kochen lassen! Die Kartoffelspaghetti ca. 2 Minuten in Salzwasser kochen, gut abtropfen und in der Sauce schwenken. Die Wachteleier 2 ½ Minuten in Essigwasser pochieren. Den Parmesan mit einem Gemüse- oder Trüffelhobel in feine Scheiben schneiden.

Anrichten: Die Kartoffelspaghetti und die pochierten Eier auf Teller geben und mit den Parmesanscheiben garnieren.

Weintipp: „Cuvée Obermairl", Obermairlhof, Klausen

Speck

In Tiroler Bauernküchen kam vom Rüssel bis zum Schwanz des Hausschweins alles auf den Teller. Einsalzen, Räuchern und Dörren sind alte, in vielen Kulturen bewährte Methoden zur Konservierung von Lebensmitteln. Der Heimatkundler Hans Fink bezeichnete den Speck und die Wurst, als „das Um und Auf einer Tiroler Marende".

Kartoffelrisotto mit Hallimasch

800 g Kartoffeln, festkochend
80 g Zwiebeln
120 g Hallimasch (ohne Stiel)
80 g Parmesan, gerieben
½ l Gemüsefond
Salz, Pfeffer
Olivenöl
Petersilie, fein gehackt

ZUM ANRICHTEN:
40 g Parmesan, Späne

Zubereitung: Die Kartoffeln schälen und in winzige Stücke schneiden (so groß wie ein Reiskorn!). Die Zwiebel würfeln und in Olivenöl leicht anschwitzen, die Kartoffelwürfel dazugeben und ohne Farbe nehmen zu lassen andünsten. Mit Gemüsefond aufgießen, sodass die Kartoffeln bedeckt sind. Unter ständigem Rühren 7 Minuten kochen lassen. Die Kartoffelwürfelchen sollen noch bissfest sein und die Masse nicht zu feucht, wenn nötig Flüssigkeit abgießen. Den geriebenen Parmesan einrühren und mit Salz und Pfeffer würzen.
Die Pilze bei mittlerer Hitze in Olivenöl ca. 5 Minuten ansautieren, mit Salz, Pfeffer und gehackter Petersilie abschmecken.
Anrichten: Kartoffelrisotto auf Teller verteilen, Hallimasch darübergeben und mit Parmesanspänen garnieren.

Weintipp: Riesling „Kaiton", Peter Pliger, Brixen

Polentaravioli mit Schwarzen Trüffeln

300 g Nudelteig (siehe S. 183)
1 Ei

FÜR DIE FÜLLUNG:
150 g Polentamehl, mittelfein
1 l Gemüsefond (siehe S. 180)
10 g Salz
10 g Schwarze Trüffel, fein gehackt

FÜR DIE SAUCE:
40 g Buttersauce (siehe S. 180)
5 g Schwarze Trüffel, fein gehackt
Salz, Pfeffer

ZUM ANRICHTEN:
40 g Trüffelkäse (Crutin)
40 g Schwarze Trüffel

Zubereitung: Den Gemüsefond aufkochen, Polentamehl einrühren, salzen und ca. 40 Minuten köcheln lassen. Die Polenta auskühlen lassen. Dann die gehackten Trüffel unterrühren. Den Nudelteig dünn ausrollen und Kreise ausstechen (8 cm Ø). Auf die obere Hälfte etwas Polenta geben, die Ränder mit Ei oder Wasser bestreichen und die untere Hälfte darüberklappen. Die Ravioli in Salzwasser 4–5 Minuten kochen lassen. Inzwischen die Buttersauce erwärmen und mit Salz, Pfeffer und gehackten Trüffeln abschmecken.
Anrichten: Die Polentaravioli auf Teller verteilen und mit der Sauce beträufeln. Zum Garnieren Trüffel und Trüffelkäse darüberhobeln.

Weintipp: Chardonnay „Cornell", Kellerei Schreckbichl, Girlan

Mit Brokkoli gefülltes Nudelblatt und Käsecreme

200 g Nudelteig (siehe S. 183)
200 g Brokkoli
100 g Mascarpone
100 g Golden Gel
200 g Sahne
Salz, Pfeffer, Olivenöl

ZUM ANRICHTEN:
40 gekochte Brokkoliröschen
40 g zerlassene Butter
1 Prise getrocknete Tomaten-
**   schale**
Petersilienöl (siehe S. 62)

Zubereitung: Den Brokkoli putzen und in Röschen teilen, den Strunk schälen und klein schneiden. In Salzwasser ca. 10 Minuten weich kochen. Zusammen mit Mascarpone, Salz und Pfeffer im Mixer pürieren, kalt stellen.
Den Nudelteig dünn ausrollen und daraus 16 Nudelblätter (10 x 17 cm) schneiden. Das Brokkolipüree auf acht Nudelblätter verteilen. Mit den anderen acht Nudelblättern abdecken. Die Ränder gut andrücken (vorher mit Wasser bestreichen!). Die gefüllten Nudelblätter in Salzwasser 4 Minuten kochen lassen. Den Golden Gel durch ein Haarsieb streichen. Die Sahne steif schlagen und vorsichtig unterheben, kalt stellen.
Tomatenschale bei 30 °C im Backofen trocknen und im Mörser pulverisieren.
Anrichten: Ein gefülltes Nudelblatt in der Mitte des Tellers platzieren, ein weiteres darauflegen, sodass eine Lasagnette entsteht. Mit einem Löffel eine Nocke von der kalten Käsecreme abstechen und mitten auf die Brokkolilasagne geben. Mit den in der zerlassenen Butter erwärmten Brokkoliröschen garnieren. Mit getrockneter Tomatenschale bestreuen.
Tipp: Falls Sie keinen Golden Gel bekommen, nehmen Sie einen anderen Blauschimmelkäse.

Weintipp: Cuvée „Sofie", Weingut Manincor, Kaltern

Tortelloni amatriciana mit Petersilienbutter

FÜR DIE TORTELLONI:
250 g Nudelteig (siehe S. 183)
100 g Zwiebeln
1 Knoblauchzehe
150 g Bauchspeck
10 g Tomatenmark
80 g Tomatensauce (siehe S. 183)
1 Rosmarinzweig
1 Thymianzweig
Salz, Pfeffer, Olivenöl

FÜR DIE PETERSILIENBUTTER:
8 EL Buttersauce (siehe S. 180)
1 EL Petersilie, fein gehackt
1 EL geschmorte Tomaten (S. 182)

ZUM ANRICHTEN:
40 g Parmesan, Späne
Petersilienblätter

Zubereitung: Zwiebeln und Knoblauch fein würfeln und in etwas Olivenöl anschwitzen, den Bauchspeck ebenfalls fein würfeln und dazugeben, etwas andünsten lassen. Tomatenmark, Tomatensauce, Rosmarin und Thymian hinzufügen und ungefähr 5 Minuten köcheln lassen. Rosmarin und Thymian entfernen, auf ein Tuch geben, abtropfen und erkalten lassen. Den Nudelteig dünn ausrollen und in 6 x 6 cm große Quadrate schneiden, einen Klecks von der Füllung daraufsetzen und zu Tortelloni formen. Ungefähr 5 Minuten im Salzwasser kochen lassen.
Für die Petersilienbutter die Buttersauce mit der gehackten Petersilie, Salz und Pfeffer abschmecken. Zum Schluss noch 1 Esslöffel geschmorte Tomaten dazugeben.
Anrichten: Die Tortelloni auf dem Teller anrichten. Mit der Petersilienbutter, den Petersilienblättern und den Parmesanspänen garnieren.

Weintipp: „Doná rouge", Hartmann Doná, Auer

Krautlasagnette mit Senfbutter und Selchfleisch

FÜR DIE KRAUTLASAGNETTE:
240 g Nudelteig (siehe S. 183)
160 g Sauerkraut
2 Lorbeerblätter
5 Wacholderbeeren
30 g Butter
Salz, Pfeffer
Olivenöl
¾ l Gemüsefond (siehe S. 180)
1 Eigelb

FÜR DAS SELCHFLEISCH:
100 g Selchfleisch
Olivenöl

FÜR DIE SENFBUTTER:
40 g Dijonsenf
120 g Gemüsefond (siehe S. 180)
240 g kalte Butter

ZUM ANRICHTEN:
Parmesan, Späne
Petersilienöl (siehe S. 62)

Zubereitung: Das Sauerkraut in lauwarmem Wasser waschen. In einem Topf Lorbeerblätter und Wacholderbeeren mit etwas Olivenöl anrösten, das Kraut dazugeben und mit Gemüsefond aufgießen. Ungefähr 30 Minuten köcheln lassen, bis das Kraut weich ist, die restliche Flüssigkeit weggeben. Die Butter klären und über das Kraut geben. Kalt stellen.
Den Nudelteig dünn ausrollen und in 16 gleichmäßige Rechtecke schneiden. In die Mitte von acht Rechtecken etwas vom ausgekühlten Sauerkraut geben, die überstehenden Teigränder mit Eigelb bepinseln. Mit den restlichen acht Nudelrechtecken abdecken und die Ränder fest andrücken. In Salzwasser ca. 5 Minuten kochen.
Für die Senfbutter den Gemüsefond zum Kochen bringen und die kalte Butter einrühren. Den Senf und etwas Salz dazugeben und alles noch einmal gut verrühren. Warm stellen.
Das Selchfleisch in feine Streifen schneiden und in etwas Olivenöl anrösten.

Anrichten: Die Nudelblätter auf einem Teller zur Lasagne aufschichten und mit der Senfbutter beträufeln. Das Selchfleisch in der Mitte darauf anrichten und mit Parmesanspänen und Petersilienöl garnieren.

Weintipp: St. Magdalener „Obermoser", Heinrich und Thomas Rottensteiner, St. Magdalena/Bozen

Selchfleisch

Zu den Speisen, die die Menschen vielerorts am Ostersonntag nach alter Tradition zur Weihe in die Kirche tragen, gehört das Geselchte. Mitunter werden auch Schinken, kalter Braten, Eier, eine Krenwurzel, Osterbrot und ein süßes Weizenbrot in Form eines Osterlämmchen in den Korb gelegt.

Erdnussrisotto mit Schwarzen Trüffeln

300 g Risottoreis (z. B. Carnaroli)
50 g Erdnusspaste, ungesüßt (Bioladen)
1 l Gemüsefond (siehe S. 180)
50 g Erdnüsse, fein gehackt
100 g Butter
20 g Parmesan, gerieben
Salz, Pfeffer
Olivenöl

ZUM ANRICHTEN:
50 g Schwarze Trüffel
Parmesan oder Trüffelkäse
  (Crutin)

Zubereitung: Das Olivenöl erhitzen und den Reis darin anlaufen lassen. Mit so viel heißem Gemüsefond aufgießen, dass der Reis bedeckt ist. Unter ständigem Rühren ca. 13–15 Minuten kochen lassen. Dabei immer wieder Gemüsefond nachgießen. Anschließend kalte Butter, geriebenen Parmesan, Erdnusspaste und gehackte Erdnüsse unterrühren.
Anrichten: Den Risotto mithilfe eines Metallrings auf die Teller setzen. Trüffel darüberhobeln und mit geraspeltem Parmesan (oder Trüffelkäse) garnieren.

Weintipp: Pinot Grigio „Benefizium Porer", Alois Lageder, Margreid

Senfrisotto mit Hauskaninchen, karamellisierten Zwiebeln und Cheddar

FÜR DEN RISOTTO:
300 g Risottoreis (z. B. Carnaroli)
50 g Pommery-Senf (Moutarde de
  Meaux)
5 g Dijon-Senf
1 l Gemüsefond (siehe S. 180)
30 g Parmesan, gerieben
60 g kalte Butter
Olivenöl
Salz, Pfeffer

FÜR DAS KANINCHEN:
4 Kaninchenrückenfilet, pariert
3 Thymianzweige
Salz, Pfeffer
Olivenöl

FÜR DIE KARAMELLISIERTEN
ZWIEBELN:
1 große Zwiebel, fein gehackt
15 g Zucker
30 g Butter

ZUM ANRICHTEN:
100 g Cheddar, geraspelt

Zubereitung: Zucker in einer Pfanne karamellisieren lassen, die fein gehackten Zwiebeln und Butter dazugeben. Ungefähr 30 Minuten glasig dünsten. Auf einem Küchenpapier abtropfen und auskühlen lassen.
Für den Risotto den Reis mit etwas Olivenöl im Topf anlaufen lassen, so viel heißen Gemüsefond aufgießen, dass der Reis bedeckt ist, salzen und pfeffern. Unter ständigem Rühren 13–15 Minuten kochen lassen, dabei immer wieder Gemüsefond nachgießen. Mit Senf, kalter Butter und geriebenem Parmesan abbinden.
Die Kaninchenfilets zusammen mit dem Thymian ungefähr 5 Minuten in Olivenöl auf allen Seiten anbraten, salzen und pfeffern. Ungefähr 10 Minuten bei 80 °C warm halten.
Anrichten: Den Reis mithilfe eines Metallrings auf die Teller geben, die Kaninchenfilets in Scheiben schneiden und auf den Reis setzen, mit Cheddar bestreuen. Eine Nocke von den karamellisierten Zwiebeln daneben anrichten.
Tipps: Wenn Sie keinen Cheddar bekommen, können Sie auch einen Rohmilchkäse nehmen. Pommery-Senf kann man durch einen anderen groben, nicht süßen Senf ersetzen.

Weintipp: „Nova Domus", Kellerei Terlan

Mit Artischocken gefüllte Kaninchenkeule, Kartoffelrösti und Lauchgemüse

4 Kaninchenkeulen (à 300 g)
4 große Artischocken
4 Knoblauchzehen
3 Thymianzweige
Gemüsefond (siehe S. 180)
1 EL Knoblauchöl (siehe S. 180)
500 g Kartoffeln, festkochend
160 g Lauch
Salz, Pfeffer
Olivenöl

Zubereitung: Die Kaninchenkeulen vom Gelenkknochen befreien, den Oberschenkelknochen hohl auslösen, sodass eine Tasche entsteht.
Die Artischocken putzen und in Spalten schneiden, mit Olivenöl, Salz, Pfeffer, Knoblauchöl und fein gehacktem Thymian würzen. Ungefähr 10 Minuten dünsten, kalt stellen. Die Kaninchenkeule mit den Artischocken füllen und gut mit einem Zahnstocher verschließen. Salzen und pfeffern. In Olivenöl auf allen Seiten anbraten, Knochen, Knoblauch und Thymianzweige dazugeben. Mit Gemüsefond ablöschen und im vorgeheizten Backofen bei 160 °C ca. 30–40 Minuten (je nach Größe der Keulen) garen.
Dabei immer wieder mit Bratensaft oder Gemüsefond übergießen.
Die Kaninchenkeulen herausnehmen und warm stellen. Den Bratensaft durch ein Sieb gießen und bis zur gewünschten Konsistenz einkochen.
Für die Rösti die Kartoffeln schälen und in dünne Streifen schneiden. Vier Häufchen in eine Pfanne mit Olivenöl setzen, gut andrücken und bei mäßiger Hitze auf beiden Seiten goldbraun backen.
Den Lauch putzen, in Scheiben schneiden und in Olivenöl anschwitzen. Gemüsefond angießen und 10 Minuten dünsten, salzen und pfeffern.
Anrichten: Einen Rösti in die Tellermitte setzen. Mit Lauchscheiben garnieren. Die Kaninchenkeule in der Mitte teilen und auf dem Rösti platzieren. Mit der Sauce leicht nappieren.
Tipp: Wenn Sie beim Ausbeinen nicht so geübt sind, lassen Sie sich die Keule vom Metzger auslösen.

Weintipp: Merlot Rosé, Kellerei St. Pauls/Eppan

Kalbsniere auf einer Kartoffelscheibe mit Senfsauce

2 Milchkalbsnieren, ohne Fettmantel
4 längliche Kartoffelscheiben (ca. 1 cm dick)
200 g weiße Bohnen (24 Stunden in Wasser einweichen)
20 g Petersilie, fein gehackt
Salz, Pfeffer
Olivenöl

FÜR DIE SENFSAUCE
500 g Kalbsfond
40 g Pommery-Senf (Moutarde de Meaux)
10 g Dijon-Senf

Zubereitung: Für die Senfsauce den Kalbsfond mit Pommery- und Dijon-Senf vermischen und bis auf die gewünschte Konsistenz einreduzieren. Die eingeweichten weißen Bohnen 1 Stunde in Salzwasser kochen lassen, mit Olivenöl, Salz, Pfeffer und gehackter Petersilie abschmecken. Die Kartoffelscheiben in Olivenöl auf beiden Seiten ca. 20 Minuten goldbraun braten.

Die Kalbsniere vom inneren Fett befreien und in dünne Scheiben schneiden, in Olivenöl kurz anbraten, salzen.

Anrichten: Auf jeden Teller eine Kartoffelscheibe legen und darauf die Kalbsnierenscheiben anrichten. Die Bohnen anlegen und die Niere mit der Senfsauce beträufeln. Etwas Sauce auf den Teller geben.

Weintipp: St. Magdalener „Ansitz Waldgries", Christian Plattner, St. Justina/Bozen

Geschmorte Kalbswange mit Gemüsepolenta

FÜR DIE KALBSWANGEN:
8 Kalbswangen, pariert
2 mittelgroße Zwiebeln
1 Karotte
10 Knoblauchzehen
50 g Sellerieknolle
1 Rosmarinzweig
3 Thymianzweige
5 Lorbeerblätter
5 Wacholderbeeren
1 EL Tomatenmark
1 l Rotwein
1 EL Senf
½ l Gemüsefond (siehe S. 180)
Salz, Pfeffer
Olivenöl

FÜR DIE GEMÜSEPOLENTA:
180 g Polentamehl, mittelfein
40 g Zucchini
40 g Karotten
40 g Sellerieknolle
40 g Zwiebeln
½ l Gemüsefond (siehe S. 180)
Salz, Pfeffer
Olivenöl

Zubereitung: Die parierten Kalbswangen salzen, pfeffern und auf allen Seiten mit Senf bestreichen. In Olivenöl rundherum anbraten. Karotten, Knoblauch, Sellerie und Zwiebeln in nicht zu kleine Stücke schneiden. Zusammen mit Rosmarin, Thymian, Lorbeerblättern und Wacholderbeeren in Olivenöl andünsten. Tomatenmark dazugeben und kurz anrösten. Mit Rotwein und Gemüsefond aufgießen, mit Salz und Pfeffer würzen. Die angebratenen Kalbswangen dazugeben und zugedeckt im vorgeheizten Backofen bei 180 °C ungefähr 1–1½ Stunden garen. Anschließend die Kalbswangen herausnehmen und warm stellen. Die Sauce durch ein feines Sieb gießen und bis zur gewünschten Konsistenz einkochen.

Für die Gemüsepolenta den Gemüsefond zum Kochen bringen. Gemüse in feine Würfel schneiden und in Olivenöl anschwitzen. Das Polentamehl dazugeben, gut umrühren und mit Gemüsefond aufgießen. Mit Salz und Pfeffer würzen. Die Polenta ungefähr 10 Minuten kochen lassen. Dann zwei Drittel abnehmen und zur Seite stellen. Die Polenta sollte flüssig sein (wenn nicht, etwas Gemüsefond angießen). Das restliche Drittel weitere 20 Minuten kochen lassen, sodass die Polenta schön fest wird.

Anrichten: Die leicht flüssige Polenta in die Mitte des Tellers geben. Die Kalbswangen daraufsetzen. Von der festen Polenta eine Nocke abstechen und anlegen. Das Fleisch mit Sauce nappieren.

Weintipp: Lagrein Dunkel Riserva „Abtei", Klosterkellerei Muri-Gries, Bozen

Weidelamm mit Thymiangremolata und Wurzelgemüse

1 Lammschulter mit Knochen
  (ca. 1,6 kg)
Wurzelgemüse (Karotte, Zwiebel,
  Sellerie, Lauch)
Salz, Pfeffer
Olivenöl

FÜR DIE BEILAGE:
2 weiße Karotten
2 Pastinaken
2 blaue Karotten
2 löbliche Karotten
40 Crosne Stachys (Knollenziest)
2 EL Erdmandeln
½ l Lammfond (siehe S. 180)
1 l Gemüsefond (siehe S. 180)
Salz, Pfeffer
Olivenöl

FÜR DIE THYMIANGREMOLATA:
3 EL geschmorte Zwiebeln
  (siehe S. 182)
3 Thymianzweige

Zubereitung: Die Lammschulter salzen und pfeffern. Das in Würfel geschnittene Wurzelgemüse mit etwas Olivenöl in einen Bräter geben und die Schulter darauflegen. Im vorgeheizten Backofen bei 140 °C ca. 2–2½ Stunden braten lassen. Dabei immer wieder mit Gemüsefond übergießen.

Für die Beilage das Gemüse putzen und in beliebig große Stücke schneiden. In einer Pfanne mit Olivenöl ca. 15 Minuten anschwitzen.

Die Crosne Stachys ca. 5 Minuten in Salzwasser blanchieren, zusammen mit den Erdmandeln zum restlichen Wurzelgemüse geben. Alles noch einmal 5 Minuten dünsten.

Den Lammfond bis zur gewünschten Konsistenz einkochen lassen.

Für die Thymiangremolata die Thymianblättchen fein schneiden und mit den geschmorten Zwiebeln vermischen. Die Lammschulter herausnehmen und mit der Gremolata bestreichen. Bei starker Oberhitze ungefähr 5 Minuten gratinieren lassen. Die Lammschulter vom Knochen befreien und in Scheiben schneiden.

Anrichten: Das Wurzelgemüse auf Teller verteilen. Die Scheiben von der Lammschulter daraufsetzen und mit dem reduzierten Lammfond garnieren.

Tipps: Anstelle der weißen, blauen und löblichen Karotten können Sie normale Karotten verwenden. Wenn Sie keine Crosne Stachys (Knollenziest) und Erdmandeln bekommen, lassen Sie sie einfach weg. Sie können als Beilage auch andere Wurzelgemüse (z. B. kleine Kartoffeln, Sellerie) servieren.

Weintipp: Blauburgunder Riserva „Hausmannhof", Alois Ochsenreiter – Haderburg, Salurn

Martinigans

FÜR 6 PERSONEN:
1 Gans, bratfertig (ca. 4,5 kg)
1 Quitte
1 Apfel
1 Orange
1 Mandarine
1 Karotte
1 Zwiebel
3 Knoblauchzehen
1 Selleriestange
5 Lorbeerblätter
5 Wacholderbeeren
10 Basilikumblätter
5 Thymianzweige
2 Rosmarinzweige
Salz, Pfeffer
Wurzelgemüse (Lauch, Karotte,
   Zwiebel, Sellerie)
Gemüsefond (siehe S. 180)
Olivenöl

Zubereitung: Die ausgenommene Gans von den Flügeln und vom Hals befreien. Beides für die Sauce zur Seite stellen. Innen und außen salzen und pfeffern. Alle Zutaten klein schneiden, würzen und vermengen. Die Gans damit füllen. Die Öffnung mit einer Nadel und Küchengarn gut verschließen. Die Gans auf ein Backblech setzen, Flügel und Hals sowie etwas Wurzelgemüse dazulegen und im vorgeheizten Backofen bei 160 °C ungefähr 3–4 Stunden braten. Immer wieder mit dem eigenen Saft übergießen. Nach dem Ende der Garzeit die Gans warm stellen, das Fett abschöpfen und den Bratensaft vom Blech lösen (dazu vorher mit etwas Gemüsefond aufgießen). Durch ein Haarsieb passieren und bis zur gewünschten Konsistenz reduzieren.

Anrichten: Die Gans tranchieren und das Fleisch auf Teller verteilen.

Tipps: Zur Martinigans passt Pastinakenpüree oder Wurzelgemüse. Das Pastinakenpüree können Sie nach dem Rezept für das Selleriepüree (siehe S. 183) zubereiten.

Weintipp: Blauburgunder Riserva, Weingut Stroblhof, Eppan

Martinigans

Oswald von Wolkenstein schrieb: „Trink Martinswein und iss Gäns!" Gänse kamen allerdings nur in bürgerlichen Haushalten auf den Tisch. Der Heimatkundler Hans Fink schrieb, dass es im Sarntal eine Martinsgans gab, die allerdings nicht am Martinitag, sondern am Stefanstag aufgetischt wurde.

Apfelstrudel à la Hintner mit Zimteis

FÜR DEN APFELSTRUDEL:
300 g Nudelteig (siehe S. 183)
250 g Äpfel
12 g Pignoli
12 g Sultaninen
20 g Zucker
50 g Butter
Öl zum Frittieren

FÜR DAS ZIMTEIS:
250 g Sahne
250 g Milch
100 g Zucker
6 g Zimt, gemahlen
4 Eier
2 Eigelb

ZUM ANRICHTEN:
Minze
Staubzucker
Schokolade, geschmolzen

Zubereitung: Den Nudelteig dünn ausrollen und in 15 cm große Dreiecke schneiden. In Öl goldgelb ausbacken und auf einem Küchenpapier abtropfen lassen. Die Äpfel schälen und in Spalten schneiden. Butter in einer Pfanne schmelzen. Zucker, Pinienkerne, Sultaninen und Apfelspalten dazugeben und 5 Minuten durchschwenken. Warm stellen.
Für das Zimteis die Eier und die Eigelb mit Zimt und Zucker verrühren. Sahne und Milch aufkochen und zur Ei-Mischung geben. Auf dem Wasserbad zur Rose abziehen, in der Eismaschine gefrieren lassen.
Anrichten: Ein „Strudelblatt" in die Tellermitte setzen und mit Apfelspalten belegen. Diesen Vorgang noch zweimal wiederholen. Zum Schluss etwas Saft darüberträufeln. Das Zimteis anlegen und mit Minze, Staubzucker und geschmolzener Schokolade garnieren.

Weintipp: Passito DiVinus „Alea", Kellerei St. Pauls/Eppan

Apfel

Der Apfel ist aus der Tiroler Küche nicht wegzudenken. Kalterer Böhmer, Champagner, Lederer und andere alte Sorten aus dem südlichen Tirol schätzte man selbst am kaiserlichen Hof in Wien, entweder als Tafelobst oder als Zutat für den Apfelstrudel.

Sekt-Schoko-Praline mit Kakiragout

FÜR 20 PRALINEN (À 30 G)
180 g Sekt (z. B. aus Südtirol)
50 g Butter
125 g Zucker
3 Eigelb
50 g Eiweiß
200 g weiße Schokolade, geraspelt

FÜR DAS KAKIRAGOUT:
4 Kaki, sehr reif

ZUM ANRICHTEN:
Minze
Staubzucker

Zubereitung: Sekt, Butter und 50 g Zucker aufkochen. In den Mixer geben und zusammen mit 2 Eigelb ungefähr 5–10 Minuten mixen, 12 Stunden kalt stellen. Die Sektmasse mit einem Schneebesen kräftig durchrühren (sie soll so cremig sein wie geschlagene Sahne). Das restliche Eigelb mit 50 g Zucker auf dem Wasserbad schaumig rühren, anschließend kalt schlagen. Zur Sektmasse geben und gut verrühren. Das Eiweiß mit 25 g Zucker steif schlagen und unter die Sektmasse heben. Im Tiefkühlschrank (bei –18 °C) gefrieren lassen. Mit einem Eisportionierer Kugeln formen und in der geraspelten Schokolade wälzen.
Die Kaki schälen und in Spalten schneiden, mit dem dabei anfallenden Fruchtfleisch vermengen.
Anrichten: Die Kakispalten in die Mitte des Tellers geben und die Sekt-Schoko-Praline daraufsetzen. Mit Minze und Staubzucker garnieren.
Tipp: Statt Kaki können Sie auch Sharon verwenden.

Weintipp: Sekt Cuvée „Marianne", Josef Reiterer, Mölten

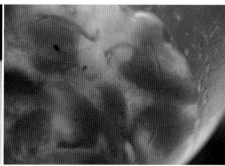

Schokocremetörtchen mit Kaffeesauce und Karamelleis

**FÜR DAS SCHOKOCREME-
TÖRTCHEN (8 STÜCK):**
**200 g Schokolade
    (70 % Kakao)**
20 g Butter
4 Eigelb (Zimmertemperatur)
4 Eiweiß
50 g Zucker

FÜR DIE KAFFEESAUCE:
**200 g Schokolade
    (70 % Kakao)**
100 g Sahne
1 Espresso
1 EL Instandkaffeepulver

FÜR DAS KARAMELLEIS:
200 g Zucker
600 g Sahne
375 g Milch
6 Eigelb

ZUM ANRICHTEN:
Minze
Staubzucker

Zubereitung: Die Schokolade zusammen mit der Butter bei ca. 28 °C schmelzen. Die Eigelb unter die geschmolzene Schokolade rühren. Eiweiß mit Zucker steif schlagen, ein Drittel des Eischnees kräftig unterrühren, den Rest vorsichtig unterheben. Die Masse in gebutterte und ausgezuckerte Souffléförmchen füllen und im vorgeheizten Backofen bei 180 °C 7 Minuten backen, sodass der Kern noch flüssig ist.

Für die Kaffeesauce die Schokolade schmelzen und die Sahne aufkochen, beides verrühren. Das Instandkaffeepulver im Espresso auflösen und zur Schokoladen-Sahne-Mischung geben, gut unterrühren.

Für das Karamelleis den Zucker karamellisieren und mit 200 g Sahne aufgießen, so lange kochen lassen, bis sich der Zucker aufgelöst hat. 375 g Sahne mit der Milch aufkochen. Die Eigelb mit 25 g Sahne verquirlen, die Karamellmasse einrühren. Die kochende Milch-Sahne-Mischung dazugeben und auf dem Wasserbad zur Rose abziehen, anschließend in der Eismaschine gefrieren lassen.

Anrichten: Kaffeesauce auf dem Teller verteilen, das Törtchen in die Mitte setzen und mit Eis, Minze und Staubzucker garnieren.

Weintipp: Rosenmuskateller „Ansitz Waldgries", Christian Plattner, St. Justina/Bozen

Panettonesoufflé mit Orangenragout und Honigzabaione

FÜR DAS PANETTONESOUFFLÉ:
3 Eier
70 g Zucker
250 g Milch
160 g Panettone
15 g Kartoffelmehl
4 Eiweiß

FÜR DAS ORANGENRAGOUT:
4 unbehandelte Orangen
20 Kumquats (Zwergorangen)
Schale und Saft von 1 unbehandelten Orange
50 g Zucker

FÜR DEN HONIGZABAIONE:
3 Eigelb
70 g Weißwein
70 g Honig

ZUM ANRICHTEN:
Minze
Staubzucker
Schokolade, geschmolzen

Zubereitung: Eier, 50 g Zucker und Kartoffelmehl glatt rühren. Die Milch aufkochen und dazugeben. Bei mittlerer Hitze so lange kochen lassen, bis sich die Masse vom Topf löst. Durch ein Haarsieb streichen und erkalten lassen. Eiweiß mit 20 g Zucker steif schlagen und den Panettone in Würfel schneiden. Die Hälfte der Panettonewürfel in die Ei-Masse einrühren, die andere Hälfte zusammen mit dem Eischnee unterheben. Vier Soufflé-förmchen (ø 10 cm) ausbuttern und auszuckern. Die Soufflémasse hineinfüllen und im vorgeheizten Backofen bei 180 °C ungefähr 10–12 Minuten backen.

Für das Orangenragout die Orangen filetieren, die Kumquats halbieren und von den Kernen befreien. Die Orangenschale in feine Streifen schneiden und dreimal blanchieren. Orangensaft mit Zucker aufkochen, die blanchierte Orangenschale und die Kumquats dazugeben, ca. 5 Minuten kochen lassen. Etwas auskühlen lassen.

Für den Zabaione alle Zutaten auf dem Wasserbad schaumig schlagen.

Anrichten: Die Kumquats mit den Orangenschalen und etwas Saft auf den Tellern verteilen, die Orangenfilets darauflegen. Das Soufflé dazugeben und mit Honigzabaione, geschmolzener Schokolade, Minze und Staub-zucker garnieren.

Weintipp: Passito „Dorado", Ansitz Kränzel, Franz Graf Pfeil, Tscherms

Weihnachtskekse

Florentiner

FÜR CA. 30 STÜCK:
500 g Zucker
200 g Mandelblättchen

Zubereitung: Den Zucker karamellisieren lassen. Mandelblättchen unterrühren. Die Masse auf ein Backpapier streichen und mit einem zweiten Blatt Backpapier abdecken. Mit einem Nudelholz dünn auswalzen. Erkalten lassen und das Backpapier entfernen. In kleine Rauten schneiden.

Schokokaramell

FÜR CA. 30 STÜCK:
125 g Honig
125 g Zucker
190 g Schokolade
   (70 % Kakao)
50 g Butter
75 g Haselnüsse, ganz
1 kleiner Espresso

Zubereitung: Zucker und Honig karamellisieren, mit dem Espresso ablöschen und vom Herd ziehen. Die zerkleinerte Schokolade und die Butter unterrühren. Zum Schluss die ganzen Haselnüsse dazugeben. In eine mit Backpapier ausgelegte Form füllen, ca. ½ cm hoch, 3 Stunden kalt stellen. In beliebige Stücke schneiden und im Kühlschrank luftdicht aufbewahren.

Spitzbuabm mit Marillenmarmelade

FÜR CA. 50 STÜCK:
250 g Butter
250 g Weizenmehl
60 g Kartoffelmehl
5 Eier, hart gekocht
60 g Staubzucker
150 g Marillenmarmelade

Zubereitung: Von den hart gekochten Eiern nur das Eigelb durch ein Haarsieb passieren und mit der zimmerwarmen Butter und dem Staubzucker verrühren. Kartoffel- und Weizenmehl vorsichtig unterheben, 1 Stunde ruhen lassen. Den Teig dünn ausrollen und nach Belieben ausstechen. Im vorgeheizten Backofen bei 160 °C 8 Minuten backen (bis sie goldgelb sind). Die Marillenmarmelade glattrühren und damit jeweils zwei Spitzbuabm zusammensetzen.

Einwecken

Der Begriff Marmelade taucht in alten Kochbüchern erst im 19. Jahrhundert auf. Das Einwecken und Einkochen kam in Mode, als sich der Zucker als Süßstoff verbreitete. Vorher wurden Früchte in Honig eingelegt.

Schoko-Mandel-Splitter

FÜR CA. 30 STÜCK:
300 g Mandeln, gestiftet
100 g Schokolade
  (70 % Kakao)

Zubereitung: Die Schokolade im Wasserbad schmelzen. Die Mandelstifte unterrühren und mit einem Löffel kleine Häufchen auf ein Backpapier setzen. Im Kühlschrank fest werden lassen.

Panettonepralinen in Orangenschale

FÜR CA. 50 STÜCK:
500 g Panettone
100 g Orangensaft
100 g weiße Schokolade
10 g Kartoffelmehl
50 g Staubzucker
Schale von 4 unbehandelten
  Orangen

Zubereitung: Die weiße Schokolade im Wasserbad schmelzen lassen. Den Panettone in feine Würfel schneiden. Orangensaft und Staubzucker unterrühren. Kartoffelmehl und geschmolzene Schokolade dazugeben und alles kräftig verrühren, 1 Stunde ruhen lassen. Die Orangenschale in winzige Würfelchen schneiden (nicht reiben!) und mit etwas Staubzucker vermischen. Aus der Panettonemasse kleine Kugeln formen und diese in der gezuckerten Orangenschale wälzen.

Topfenstollen

FÜR 4 STÜCK (À 400 G):
500 g Mehl
200 g Zucker
2 Eier
175 g Butter
250 g Magertopfen
25 g Backpulver
120 g Korinthen
120 g Rosinen
120 g Mandeln, gehackt
120 g getrocknete Früchte
  (Marillen, Feigen, Kloazn, Äpfel)
1 TL Vanillezucker
1 TL Bittermandelaroma
1 EL Rum
Schale von 1 unbehandelten
  Zitrone
1 Prise Muskat, Kardamom, Salz

Zubereitung: Die getrockneten Früchte in Streifen schneiden. Butter, Zucker und Eier schaumig schlagen. Topfen, Mehl und Backpulver unterrühren. Vanillezucker, Salz, Bittermandelaroma, Rum, Zitronenschale, Muskat und Kardamom dazugeben. Die Korinthen, Rosinen, Mandeln und die getrockneten Früchte vermengen und ebenfalls dazugeben. Alles gut verrühren. Aus dem Teig Stollen formen und im vorgeheizten Backofen bei 180 °C ungefähr 30 Minuten backen. Mit Zuckerwasser bestreichen und mit Staubzucker bestreuen.

Weintipp: Rosenmuskateller, Erste & Neue Kellerei Kaltern

Bauernfrüchtebrot

FÜR 6 BROTLAIBE:

1 kg Weizenmehl
500 g Roggenmehl
40 g Salz
20 g Zucker
½ l Milch
½ l Wasser
70 g Butter
80 g Hefe
200 g Datteln
200 g getrocknete Feigen
100 g getrocknete Zwetschgen
100 g getrocknete Marillen
100 g Walnüsse
1 TL Zimt
1 TL Lebkuchengewürz

Zubereitung: Weizen- und Roggenmehl mit Salz und Zucker vermengen. Milch, Wasser, Butter und Hefe leicht erwärmen. Die Trockenfrüchte in nicht zu kleine Stücke schneiden und kurz in Wasser aufkochen, abseihen und kalt stellen. Die lauwarme Milch-Hefe-Masse in die Mehlmischung einrühren. Die abgekühlten Trockenfrüchte, das Lebkuchengewürz, den Zimt und die Walnüsse dazugeben und gut verrühren. Den Teig zugedeckt in einer Schüssel ungefähr 1½–2 Stunden gehen lassen. Laibe formen und im vorgeheizten Backofen bei 180 °C ungefähr 35 Minuten backen.

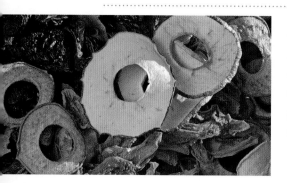

Früchtebrot

Als es zum Dörren noch keinen Dörrapparat gab, schnitt man Birnen und Zwetschgen in Stücke, legte sie auf große Holzbretter und ließ sie an der frischen Luft trocknen. Die Dörrfrüchte, im Volksmund „Kloazn" genannt, wurden als Krapfenfülle verwendet und – zu Mehl verrieben – dem Früchtebrot beigemengt.

Zu jeder Jahreszeit

Grundrezepte

Südtiroler Aperitif

Weintipp: Südtiroler Sekt „Haderburg Pas Dosé", Alois Ochsenreiter, Salurn

Kartoffelmillefoglie mit Spinat und Kuhkäse

FÜR 1 PERSON:
2 frittierte Kartoffelblätter
1 Spinatblatt, roh
10 g gereifter Kuhkäse
  (z. B. Vinschger Almkäse)
Salatvinaigrette siehe S. 180)

Zubereitung: Kartoffeln in dünne Scheiben schneiden, 5 Minuten in lauwarmes Wasser legen (um die Stärke zu entziehen) und im 180 °C heißen Fett goldgelb frittieren. Den Käse in Würfel und das Spinatblatt in feine Streifen schneiden. Beides mischen und mit Salatvinaigrette abschmecken.
Mit den Kartoffelchips auf einem Löffel zur Millefoglie schichten.

Topfenpraline mit Peperonitatar

FÜR 1 PERSON:
15 g Topfen
15 g geschmorte Peperoni
  (siehe S. 182)
5 g geschmorte Zwiebeln
  (siehe S. 182)
Salz, Pfeffer
Feldsalat
Petersilie, gehackt

Zubereitung: Den Topfen durch ein Haarsieb passieren und mit Salz, Pfeffer und geschmorten Zwiebeln würzen. Aus der Masse eine Praline formen. Die geschmorten Peperoni in Würfel schneiden. Auf einen Löffel geben und die Topfenpraline daraufsetzen. Mit Feldsalat und gehackter Petersilie garnieren.

Gekochte Surhaxe mit Lauch-Kartoffel-Püree

FÜR 1 PERSON:
30 g Surhaxe, gekocht
(beim Metzger)
30 g Kartoffel-Püree (siehe S. 66)
1 EL Lauchpüree
Olivenöl

Zubereitung: Die Surhaxe in Würfel schneiden und auf das lauwarme Lauch-Kartoffel-Püree geben. Mit Olivenöl beträufeln.
Für das Lauchpüree (4 Portionen) 100 g Lauch (den grünen Teil) in Streifen schneiden und in Salzwasser weich kochen, auskühlen lassen. Mit 50 g kalter Milch aufmixen. Mit dem Kartoffelpüree vermengen.

Speck-Schüttelbrot-Praline

FÜR 1 PERSON:
3 Scheiben Südtiroler
Bauernspeck
10 g Schüttelbrot, gut zerkleinert
5 g Krensahne
Schnittlauch

Zubereitung: Die Speckscheiben überlappend auslegen. Das Schüttelbrot in die Mitte geben und zur Praline formen. Mit Krensahne und Schnittlauch garnieren.

Schinken-Spargel-Röllchen mit Sauerrahm

FÜR 1 PERSON:
1 Scheibe gekochter Schinken
1 weiße Spargelspitze, gekocht
1 TL Sauerrahm
Schnittlauch
20 g geschmorte Peperoni
(siehe S. 182)

Zubereitung: Die Spargelspitze vierteln und in den Schinken einrollen. Den Sauerrahm mit dem Schnittlauch verrühren und daraufgeben. Mit den in Würfeln geschnittenen Peperoni garnieren.

Kartoffel-Speck-Cappuccino

350 g Kartoffeln, mehlig kochend
10 g Zwiebeln, fein gehackt
40 g Südtiroler Bauernspeck, im
   Stück
50 g Milch
100 g Sahne
50 g Butter, kalt
100 g Gemüsefond (siehe S. 180)
Salz, Pfeffer, Olivenöl

ZUM ANRICHTEN:
40 g Sahne, geschlagen
100 g Südtiroler Bauernspeck,
   feine Würfel
Petersilie, gehackt
4 Grissini
4 Scheiben Südtiroler Bauernspeck
Olivenöl

Zubereitung: Die Zwiebeln in Olivenöl andünsten. Die geschälten Kartoffeln und den Bauernspeck in Stücke schneiden und dazugeben. Ebenfalls andünsten und mit Milch, Sahne und Gemüsefond aufgießen. Salzen und pfeffern. Ungefähr 15 Minuten kochen lassen. Die Speckstücke herausnehmen und die Suppe mit der kalten Butter aufmixen.
Anrichten: Die Suppe in eine Tasse gießen, die geschlagene Sahne daraufsetzen. Petersilie und Speckwürfel mischen und auf die Sahnehaube streuen. Mit Olivenöl garnieren. Die Grissini mit den Speckscheiben umwickeln und zur Suppe servieren.

Weintipp: Weißburgunder „Sirmian", Kellerei Nals-Margreid

Speckknödelsalat

350 g Weißbrot
170 g geschmorte Zwiebeln
   (siehe S. 182)
20 g Schnittlauch, fein geschnitten
10 g Petersilie, fein gehackt
10 g Salz, 50 g Milch, 3 Eier
100 g Südtiroler Bauernspeck,
   in dünnen Scheiben
100 g Bauchspeck, in dünnen
   Scheiben

ZUM ANRICHTEN:
gemischter Salat (z. B. Feldsalat,
   Frisée)
8 EL Salatvinaigrette (siehe S. 180)

Zubereitung: Das Weißbrot in Würfel schneiden und mit Schnittlauch, Petersilie, Salz, Milch und Eiern zu einem geschmeidigen Teig verkneten. Einen Serviettenknödel daraus formen. In ein Küchentuch einschlagen, an beiden Seiten gut verschließen und in Salzwasser ca. 1 Stunde kochen. Auskühlen lassen und in dünne Scheiben schneiden.
Anrichten: Knödel- und Speckscheiben als Salat anrichten. Mit dem gemischten Salat garnieren und mit etwas Vinaigrette beträufeln.
Tipp: Kaufen Sie den Speck als Mezet, dann haben Sie Speck vom Karree und vom Bauch.

Weintipp: Grauvernatsch „Sonnthaler", Kellerei Kurtatsch

Knödel

Knödel waren aus dem Speiseplan der bäuerlichen Gesellschaft nicht wegzudenken. Wer sie erfand und seit wann es sie gibt, ist nicht dokumentiert. Das älteste Zeugnis eines Knödels in Südtirol wird auf einem Fresko aus dem 12. Jahrhundert in der Kapelle von Schloss Hocheppan vermutet.

Meine saure Suppe

1½ kg gekochte Kutteln vom Kalb
  (Krause- und Blättermagen)
100 g Karotten
100 g Zucchini
100 g Sellerieknolle
2 El Knoblauchöl (siehe S. 180)
100 g Zwiebeln
50 g Tomatenmark
3 l Gemüsefond (siehe S. 180)
100 g geschmorte Tomaten
  (siehe S. 182)
Kräuter (Rosmarin, Basilikum,
  Majoran, Thymian, Petersilie)
5 Lorbeerblätter
Salz, Pfeffer
Schnittlauch, fein geschnitten

Zubereitung: Die gekochten Kutteln in Streifen schneiden. Karotten, Zucchini, Sellerie und Zwiebeln ebenfalls in Streifen schneiden und in Olivenöl andünsten. Das Tomatenmark dazugeben und leicht anrösten. Die Kutteln zum Gemüse geben. Lorbeer dazugeben. Mit Gemüsefond aufgießen und ca. 30 Minuten kochen lassen. Mit fein geschnittenen Kräutern, Knoblauchöl, geschmorten Tomaten, Salz und Pfeffer abschmecken. Die Lorbeerblätter entfernen.
Anrichten: Die Saure Suppe in Teller füllen, mit Schnittlauch bestreuen und servieren.

Weintipp: Kalterer See Auslese „Pfarrhof", Kellerei Kaltern

Pressknödel mit weißem Rübenkraut

FÜR DIE PRESSKNÖDEL:
200 g Weißbrot
100 g gereifter Kuhkäse
  (z. B. Stilfser)
50 g Graukäse
60 g geschmorte Zwiebeln
  (siehe S. 182)
1 EL Mehl
4 Eier
100 g Butter
100 g Olivenöl
1 EL gehackte Petersilie

FÜR DAS RÜBENKRAUT:
400 g weiße Rüben
Salz, Pfeffer
2 EL Obstessig
5 EL Olivenöl

Zubereitung: Weißbrot, Käse und Graukäse in Würfel schneiden und mit den geschmorten Zwiebeln vermengen. Mit Mehl bestäuben. Eier, Petersilie, Salz und Pfeffer dazugeben und gut verrühren. Aus der Masse Knödel formen und so andrücken, dass kleine Laibchen entstehen. Olivenöl und Butter erhitzen und die Knödellaibchen darin auf beiden Seiten goldgelb herausbacken. Anschließend in Salzwasser ca. 5 Minuten kochen lassen. Die Rüben raspeln und mit Salz, Pfeffer, Obstessig und Olivenöl anmachen.
Anrichten: Etwas Rübenkraut auf den Teller geben, einen Pressknödel daraufsetzen und mit etwas Rübenkraut bedecken. Diesen Vorgang noch zweimal wiederholen.
Tipp: Im Pustertal kann man das weiße Rübenkraut auch schon fertig angemacht beim Metzger kaufen.

Weintipp: Blauburgunder, Franz Haas, Montan

Grundrezepte

Salatvinaigrette

60 g Balsamico-Essig
180 g Olivenöl
Salz, Pfeffer

Zubereitung: Alle Zutaten miteinander verrühren.
Tipp: Hält sich im Kühlschrank ungefähr 1 Woche.

Knoblauchöl

30 g Knoblauch, geschält
250 g Sonnenblumenöl

Zubereitung: Alle Zutaten aufmixen und kalt stellen.
Tipp: Hält sich im Kühlschrank ungefähr 1 Woche.

Buttersauce

100 g Gemüsefond (siehe unten)
250 g kalte Butterwürfel

Zubereitung: Den Gemüsefond aufkochen und die eiskalten Butterwürfel langsam einrühren. Salzen und pfeffern.

Gemüsefond

2 l Wasser
1 Karotte
1 mittelgroße Zwiebel
½ Selleriestange
¼ Sellerieknolle
1 Knoblauchzehe
2 Stängel Petersilie
1 Rosmarinzweig
1 Lorbeerblatt
5 Basilikumblätter

Zubereitung: Alle Zutaten in einen Topf geben und ungefähr 2 Stunden köcheln lassen. Abseihen und bis zur weiteren Verwendung warm stellen.
Tipp: Sie können den Fond problemlos auf Vorrat zubereiten und portionsweise einfrieren.

Lammfond – Kalbsfond – Wildfond

2 kg Knochen (Lamm oder
** Kalb oder Wild)**
1 Karotte
1 Zwiebel
1 Selleriestange
5 Knoblauchzehen
2 Lorbeerblätter
3 Thymianzweige
2 Rosmarinzweige
Salz, Pfeffer
1 EL Tomatenmark
100 g Olivenöl
5 l Gemüsefond (siehe oben)

Zubereitung: Das Olivenöl in einem Topf erhitzen und die zerkleinerten Knochen darin kräftig anrösten. Zwiebel, Karotte, Selleriestange, Knoblauch, Lorbeerblätter und Tomatenmark dazugeben und noch einmal kräftig rösten. Mit Gemüsefond aufgießen, Thymian- und Rosmarinzweige hineingeben und ungefähr 4 Stunden köcheln lassen. Salzen und pfeffern. Durch ein Haarsieb seihen und auf die gewünschte Konsistenz reduzieren.
Tipp: Die Fonds lassen sich problemlos auf Vorrat herstellen und portionsweise einfrieren.

Geschmorte Zwiebeln

50 g Butter
50 g Olivenöl
1 mittelgroße Zwiebel

Zubereitung: Die Zwiebel fein hacken. Butter und Olivenöl in einem Topf erhitzen und die Zwiebeln dazugeben. Weich dünsten, ohne dass sie Farbe nehmen. Das Öl abgießen und die geschmorten Zwiebeln abkühlen lassen.

Tipp: Sie können auch eine größere Menge zubereiten. Die geschmorten Zwiebeln halten sich im Kühlschrank ungefähr 1 Woche.

Geschmorte Tomaten

40 Strauchtomaten
3 Knoblauchzehen
1 Thymianzweig
1 Rosmarinzweig
5 Basilikumblätter
Salz, Pfeffer
Zucker
Olivenöl

Zubereitung: Die Strauchtomaten einritzen und 3 Minuten blanchieren. In Eiswasser abschrecken und schälen. Die Knoblauchzehen halbieren. Die Tomaten auf ein Backblech legen und mit den anderen Zutaten vermischen, durchrühren. Im vorgeheizten Backofen bei 130 °C ca. 1 Stunde schmoren.

Geschmorte Peperoni

400 g Peperoni (rot, gelb, grün)
Salz, Pfeffer
Knoblauchöl (siehe 180)
Thymianzweig
Rosamarinzweig
Olivenöl

Zubereitung: Die Peperoni schälen, das Kerngehäuse entfernen und in Stücke schneiden. Mit Salz, Pfeffer, Thymian, Knoblauch- und Rosmarinzweig würzen und auf ein Backblech legen. Mit reichlich Olivenöl begießen und im vorgeheizten Backofen bei 130 ºC 1 Stunde schmoren lassen.

Nudelteig

200 g Weizenmehl
50 g Hartweizengrieß
8 Eigelb
1 EL Olivenöl
5 g Salz

Zubereitung: Weizenmehl und Hartweizengrieß auf die Arbeitsplatte sieben und in die Mitte einen Mulde hineindrücken. Eigelb, Salz und Olivenöl in die Mulde geben. Von innen heraus kreisförmig das Mehl einrühren und ungefähr 10 Minuten kneten. Den Teig in Klarsichtfolie einschlagen und im Kühlschrank 2–3 Stunden ruhen lassen.
Tipp: Sie können die Zutaten auch direkt in eine Küchenmaschine geben und dort durchkneten.

Selleriepüree

700 g Sellerieknolle
300 g Sahne
25 g geklärte Butter
Milch
Salz, Pfeffer

Zubereitung: Den geputzten und in Würfel geschnittenen Sellerie in Wasser und Milch (zu gleichen Teilen), Salz und Pfeffer weich kochen und abseihen. Die Sahne dazugeben und noch einmal aufkochen lassen, und zwar so lange, bis die Sahne einreduziert ist. In den Mixer geben und pürieren, dabei die geklärte Butter zugeben.

Tomatensauce

FÜR CA. 10 PORTIONEN:
2 kg Tomaten
150 g Zwiebeln
100 g Olivenöl
3 EL Knoblauchöl (siehe S. 180)
10 Basilikumblätter
Salz, Pfeffer

Zubereitung: Die Zwiebeln in feine Würfelchen schneiden und in Olivenöl andünsten. Die geschälten, entkernten und zerkleinerten Tomaten dazugeben. Mit Salz und Pfeffer würzen. Knoblauchöl und Basilikum zufügen und ca. 1 Stunde köcheln lassen.

Weißbrot und Grissini

FÜR DAS WEISSBROT:
1½ kg Weizenmehl
½ l Milch
½ l Wasser
70 g Butter
80 g Hefe
45 g Salz

Zubereitung: Milch und Wasser erwärmen, Butter und Hefe darin auflösen. Mit Mehl und Salz zu einem glatten Teig verkneten. Zugedeckt ungefähr 45 Minuten gehen lassen. Aus dem Teig nach Belieben Brotlaibe formen und im vorgeheizten Backofen bei 175 °C 15–20 Minuten abbacken (je nach Größe).

FÜR DIE GRISSINI:
500 g Weizenmehl
¼ l Wasser
25 g Hefe
15 g Salz
⅛ l Olivenöl

Zubereitung: Die Hefe in lauwarmem Wasser auflösen, Salz und Mehl dazugeben. In einer Küchenmaschine verrühren, dabei das Olivenöl einlaufen lassen. Den Teig ungefähr 1 Stunde ruhen lassen. Grissini formen und im vorgeheizten Backofen bei 140 °C 15 Minuten backen.

Waldmeistersirup

2 l Volumen Waldmeisterblätter und Blüten
3 Orangen, unbehandelt
1 Zitrone, unbehandelt
1 l Wasser
1 kg Zucker
10 g Ascorbinsäure (Apotheke)

Zubereitung: Zucker und Wasser aufkochen, kalt stellen. Die Orangen und die Zitrone gut waschen, halbieren und leicht andrücken. Zusammen mit Ascorbinsäure und Waldmeister zum Zuckerwasser geben und gut verrühren. Zugedeckt im Kühlschrank 5 Tage ziehen lassen. Durch ein mit einem Küchentuch ausgelegtes Sieb gießen. In Flaschen füllen und im dunklen Keller lagern.
Tipp: Verwenden Sie den Waldmeistersirup nicht nur mit Wasser verdünnt als Durstlöscher, sondern auch zur Herstellung von Gelees oder mit Sekt aufgegossen als Aperitif.

Granatapfelgranité

600 g Granatapfelkerne
300 g Wasser
200 g Zucker
1 Msp. Weinsäure (Apotheke oder Bioladen)

Zubereitung: Die Granatapfelkerne in eine Schüssel geben. Wasser, Zucker und die Weinsäure aufkochen und über die Granatapfelkerne gießen. Im Tiefkühlfach ungefähr 3 Stunden gefrieren lassen. Zum Servieren mit einem Löffel abschaben, sodass eine Granité entsteht.
Tipp: Eignet sich als Beilage zu lauwarmen Desserts oder Käse.

....

Granatapfel

Der Granatapfel gilt als Symbol der Sinnlichkeit und Fruchtbarkeit. Die Ägypter verehrten ihn als heilige Frucht. Im Süden Südtirols gediehen Granatäpfel schon vor Jahrhunderten, wie aus historischen Reiseberichten hervorgeht.

Im Kräutergarten von Hildegard Kreiter; Pius Rungger vom Partschillerhof in Völserried;
Franz Pixner aus Terlan; Metzgermeister Franz Windegger am Planklhof in Muls/Sarntal.

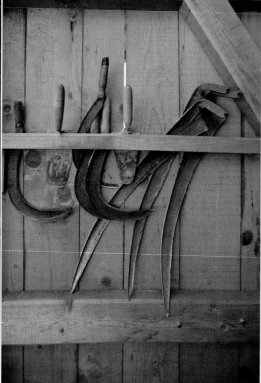

Max Plunger in seiner Malenger Mühle; Fam. Volgger vom Vissemannhof in Kematen bei der Kartoffelernte

Wo gibt es sie, die guten Dinge?

Bäuerliche Qualitätsprodukte
Roter Hahn, Südtiroler Bauernbund
I-39100 Bozen, Schlachthofstr. 4/d
Tel. +39 0471 999308
www.roterhahn.it.

Beeren
Pius Rungger
Partschillerhof, Völserried 17
39050 Völs am Schlern
Tel. +39 0471 725254

Brot
Marianne Volgger
Vissemann, Kematen
Verkauf: Bauernmarkt in Sand in Taufers
Donnerstag 15–18 Uhr

Buchweizen
Malenger Mühle
St. Vigil 17
39040 Seis am Schlern
Tel. +39 0471 707269
(Besichtigung nach Voranmeldung,
kein Verkauf)

Gsieser Ochsen
Josef Taschler
Lumpenhof 18
39030 St. Magdalena/Gsies
Tel. +39 0474 978487

Käse
Degust, Hansi Baumgartner
Eisackstraße 1
39040 Vahrn
Tel. +39 0472 849873
www.degust.com

Lammfleisch
(vom Planklhof, Muls/Sarntal)
Metzgerei Franz Windegger
Georg-Platzer-Straße 1
39057 St. Michael/Eppan
Tel. +39 0471 662153
www.windegger.info

Obst und Gemüse
Josef Trettl
Bahnhofstraße 2
39057 St. Michael/Eppan
Tel. +39 0471 662218

Spargel
Franz Pixner
Hofladen Mooshäusl
Hauptstraße 37
39018 Terlan
Tel. +39 0471 258061

Wild
Metzgerei Pichler
Katharina-Lanz-Straße 68
39037 Mühlbach
Tel. +39 0472 849721

Wurzelgemüse
(alte Gemüsesorten)
Karl Volgger
In der Sandgrube 60
39031 Reischach/Bruneck
Tel. +39 0474 410719

330 Menschen zu Tisch bei Herbert Hintners „Gastlicher Tafel in den Gassen von St. Pauls"

Glossar

Beuschel: Innereien, insbes. Lunge von Schlachttieren

Cheddar: ursprünglich aus Südwestengland stammender, aus Kuhmilch hergestellter milder Schnittkäse

Erdäpfel: Kartoffel

Feldsalat: Vogerlsalat

Gnocchi: kleine Klößchen aus Kartoffelteig

Golden Gel: Blauschimmelkäse

Graukäse: Sauermilchkäse, 45 % Fett i. Tr.

Gremolata: duftende Gewürzmischung

Gröstl: Geröstete Kartoffeln, meist mit Fleisch u. a., Bauernfrühstück

Holler: Holunder

Karfiol: Blumenkohl

Kasknödel: Knödel aus Weißbrot, Graukäse, Milch und Eiern

Kipflerkartoffel: festkochende, speckige Kartoffel

Kloazn: getrocknete Birnen

Krapfen: in Fett ausgebackenes Gebäck

Kren: Meerrettich

Lauch: Porree

Marille: Aprikose

Melanzane: Aubergine

Palatschinke: dünner Pfannkuchen

Panettone: sehr lockerer, leicht süßlicher Hefekuchen mit Korinthen, Sultaninen, Orangat, Zitronat

Peperoncino: kleine Chilischoten

Peperoni: Paprikaschote

Pignoli: Pinienkerne

Polentamehl: Maisgrieß

Pressknödel: flach gedrückter Knödel, der erst gebraten, dann gekocht wird

Rohnen: Rote Bete

Rösti: Fladen aus geraffelten Kartoffeln, der in Fett knursprig goldgelb ausgebacken wird

Rucola: Rauke

Rübe: Wurzelgemüse

Sauerrahm: Saure Sahne

Schwarzbeeren: Heidelbeeren

Schwarzplent: Buchweizen

Selchfleisch: gepökeltes und geräuchertes Schweinefleisch (Selchkarree = geräuchertes Rippenstück)

Spitzbuabm: zwei Mürbeteigkekse mit Marmelade dazwischen

Stangensellerie: Staudensellerie

Staubzucker: Puderzucker

Stockfisch: auf Stangengerüsten getrockneter Fisch (u. a. Kabeljau), ungesalzen und an der Luft getrocknet

Topfen: Quark

Weißkraut: Weißkohl

Wurzelgemüse: Gemüsepflanzen, deren Wurzeln fleischig und essbar sind, z. B. Möhren, Rüben, Sellerie, Kartoffen, Pastinake

Zwetschgen: Pflaumen

Register